Das lyrische Holzbein

Ernst Rohmer (Hg.)

Das lyrische Holzbein

Deutsche Unsinnspoesie

area

Das lyrische Holzbein
Deutsche Unsinnspoesie
Herausgegeben von Ernst Rohmer

Einbandgestaltung: rheinConcept, Wesseling
Satz und Layout: GEM mbH, Ratingen
Druck und Bindung: Oldenbourg Taschenbuch GmbH,
Hürderstraße 4, 85551 Kirchheim

Printed in Czech Republic 2004
ISBN 3-89996-244-3

Inhalt

Ein wenig Poetik

Unbekannter Verfasser

Stunden, wo der Unsinn waltet

Stunden, wo der Unsinn waltet,
Sind so selten, stört sie nie!
Schöner Unsinn, glaubt mir, Kinder,
Er gehört zur Poesie.

Johann Georg Friedrich Messerschmidt

Blühender Unsinn

Wenn Apoll, der wildeste der Götter,
Mir erscheint im milden Donnerwetter,
Ach, so seufzt die Muse fürchterlich;
Majestätisch rasen Elegieen,
Wemuthvolle Dithyramben sprühen
Ihren zarten Rosengift um mich.

Wie der Bär mit leisem Geisterschritte
In der dräuenden Kaninchen Mitte
Furchtsam hüpft und zärtlich brüllend ächzt,
Freund, so tanz' ich auf der Spiegelwelle
Einer Sandbank, wenn das Hundsgebelle
Meiner stillen Muse mich umkrächzt.

Der Begeistrung matte Flüche wogen
Auf zum Throne ... gleich dem Regenbogen,
Dessen Feuer uns unsichtbar brennt;
Blinder Sonnengott, dich segn' ich grimmig,
Steine folgen dir, wenn tausendstimmig
Dich die Wüste ihren Phöbus nennt.

Wenn die Mitternacht, von deinem Strahle
Neu vergoldet, sich im Blüthenthale
Abgestorbner Zeitenfluthen wiegt,
Freund, mit lieblich wüthendem Kothurne
Steh' ich, zitternd, dann vor meiner Urne,
Die im Strahlennebel vor mir liegt.

Aber an der Zukunft Sarkophage
Donnert süß der Hoffnung Jubelklage,
Wenn der Todte rüstig sich ermannt;
Wenn er in das kalte Leben springet,
Glücklich in dem Unglück, die besinget,
Die nach kurzer Flucht ihn endlich fand.

Glücklich, glücklich, du hast sie gefunden,
Hast sie rings mit Sprößlingen umwunden,
Die, berauscht, um deine Krone wehn!
Lebe wohl, im grausen Sternendunkel
Muß ich ... ein erblindender Karfunkel ...
Leuchtend, unter Riesenzwergen stehn.

Ludwig Eichrodt

Vom Nonsens

Da sagen sie, die Wirklichkeit
Sei wirklich denknotwendig,
Sie dulden keinen Widerstreit
In allem, was lebendig.
Und doch, o teure Denkerzunft,
Vorhanden auch ist Unvernunft.

Ihr selber, grundgelehrte Herrn,
Seid lehrreich, ein Exempel,
Der Unsinn ist des Pudels Kern
In eurem ganzen Krempel.
Uns aber freut es nachgerad,
Daß auch der Unsinn Dasein hat.

Der Unsinn, wenn man weiterkneipt,
Ist wirklich wie ein Vater,
Der Unsinn auf dem Gipfel treibt
Aus unserm Hirn den Kater.
Er wirkt, zugleich gescheit und dumm,
Wie ein collegium logicum.

Der Unsinn, einmal in der Welt,
Läuft gegen alle Logik.
Das ist nun so. Indessen hält
Der Mensch auf Pädagogik,
Erblickt erziehliches Moment
In Bier und Unsinn, als Student.

Ludwig Eichrodt

An den höheren Blödsinn

Komm! ich sehne mich unsäglich,
Höh'rer Blödsinn, komm zu mir!
Jener nicht, der ganz alltäglich
Schmauchet beim Philisterbier,
Nein, dich mein' ich, Trost der Weisen,
Höh'rer Blödsinn, dich allein!
Will im Lied dich jubelnd preisen
Kehr', o kehre bei mir ein!

Vor dir sinken alle Schranken,
Jede Maske fällt sogleich,
Und die Blöße der Gedanken
Weicht errötend deinem Reich.
Weltschmerz muß das Banner senken,
Das er sonst so mutig schwang,
Denn das unfruchtbare Denken
Flieht beschämt vor deinem Sang!

Komm von deinen luft'gen Höhen,
Schlag' es auf, dein lustig Zelt,
Triff mit deines Odems Wehen
Die gedankenkranke Welt!
Brich herein ins dichte Röhricht
Schwächlicher Vielwisserei,
Fege fort den Alltagskehricht
Durch den Sturm der Narretei!

Schön sind Schulen *höh'rer* Töchter
Und die *höh're* Rechenkunst,
Schön die *höh're* Kunst der Fechter,
Höh'rer Mimik Zauberkunst,
Schön die *höhere* Karriere, –
Höher als sie alle noch,
Frei vom Urgesetz der Schwere
Schwebst du, *höh'rer* Blödsinn, doch!

Otto Erich Hartleben

Blaue Lyrik

Was klingeln matte Lichter
Ob meiner Seele Sumpf –
Was züngeln Quergesichter
Um meiner Hoffnung Stumpf?
O Schlingel Ihr und Wichter
Benagt nur meinen Rumpf –
Ich fühl's, ich bin ein Dichter:
Heut ist Meschugge Trumpf!

James Krüss

Wenn die Möpse Schnäpse trinken

Wenn die
Möpse
Schnäpse
Trinken,
Wenn vorm
Spiegel
Igel
Stehn,
Wenn vor
Föhren
Bären
Winken,
Wenn die
Ochsen
Boxen
gehen,
Wenn im
Schlafe
Schafe
Blöken,
Wenn im
Tal
Ein Wal
Erscheint,
Wenn im
Wecken
Schnecken
Stecken
Wenn die
Meise
Leise
Weint,
Wenn Gi-
raffen
Affen
Fangen,
Wenn ein
Mäuslein
Läuslein
Wiegt,
Wenn an
Stangen
Schlangen
Hangen,
Wenn der
Biber
Fieber
Kriegt,
Dann
Entsteht zwar
Ein Gedicht,
Aber sinnvoll
Ist es
Nicht!

Friederike Kempner

Auf's Papier!

Unnütz lyrisches Gesinge,
Unnütz lyrisches Geklinge,
Gehst Du mir nicht aus dem Sinn,
Schreib' ich auf's Papier Dich hin!

Die Poesie hat immer Recht!

Die Poesie, die Poesie,
Die Poesie hat immer Recht,
Sie ist von höherer Natur,
Von übermenschlichem Geschlecht.

Und kränkt ihr sie, und drückt ihr sie,
Sie schimpfet nie, sie grollet nie,
Sie legt sich in das grüne Moos,
Beklagend ihr poetisch Loos!

Unbekannter Verfasser

Stumpfsinn-Verse

Syndetikon,
Das wißt ihr schon, –
Ist lange ein Mittel zum kleben,
Doch kann man auch
Das ist so Brauch, –
Im Wirtshaus sitzen, nu eben.
Stumpfsinn, Stumpfsinn, du mein Vergnügen,
Stumpfsinn, Stumpfsinn, du meine Lust,
gäb's keinen Stumpfsinn, gäb's kein Vergnügen,
Stumpfsinn, Stumpfsinn, du meine Lust.

Der Ziegelstein
Ist nie allein,
Man findet ihn meistens zu vielen,
Und ist er allein,
So ist er wahrschein-
lich irgend wo liegen geblieben.
Stumpfsinn, Stumpfsinn, du mein Vergnügen,
Stumpfsinn, Stumpfsinn, du meine Lust,
gäb's keinen Stumpfsinn, gäb's kein Vergnügen,
Stumpfsinn, Stumpfsinn, du meine Lust.

Graf Zeppelin
Mit der Luft-Maschin
Fährt durch die Lüfte ganz munter,
Wenn er nicht mehr kann,
Der kühne Mann,
Dann kommt er wieder herunter.

Stumpfsinn, Stumpfsinn, du mein Vergnügen,
Stumpfsinn, Stumpfsinn, du meine Lust,
gäb's keinen Stumpfsinn, gäb's kein Vergnügen,
Stumpfsinn, Stumpfsinn, du meine Lust.

Sitz du mal im
Theater d'rin,
Das kann dir wenig nützen,
Die Damenhüt'
Sind Riesentüt'
Und Zylinder sind keine Mützen.
Stumpfsinn, Stumpfsinn, du mein Vergnügen,
Stumpfsinn, Stumpfsinn, du meine Lust,
gäb's keinen Stumpfsinn, gäb's kein Vergnügen,
Stumpfsinn, Stumpfsinn, du meine Lust.

Oskar Pastior

Ich sitze …

Ich sitze stumm und kraule
das Kleinhirn zwecks Belebung
die Sprache zwecks Bestrebung
und die bewegt sich doch
mich läßt sie kühl doch heiter
noch sitz ich auf der Leiter
und seh den Hasen zu
nun hat der Topf ein Loch
stopf es zu lieber Hans wenn aber
wenn die Welt eins hat was dann
nur gemach nimm die Sprach
stopf es zu
über allen Steigen
ist Ruh

Liebesschwüre

Unbekannter Verfasser

Reverirte Dame*

I.

Reverirte Dame,
Phoenix meiner *ame*,
Gebt mir *audientz*:
Euer Gunst *meriten*,
Machen zu *fall*iten
Meine *patientz*.

II.

Ach ich *admirire*,
Vnd *considerire*,
Eure *violentz*;
Wie die Liebesflamme
Mich brennt / sonder *blasme*,
Gleich der Pestilentz.

III.

Jhr seyd sehr *capable*,
Jch bin *peu valable*
Jn der *eloquentz*:
Aber mein *serviren*
Pflegt zu *dependiren*,
Von der *influentz*.

---

* *reverirte* = verehrte; *ame* = Seele; *meriten* = Vorzüge; *falliten* = Unfähigkeit; *patientz* = Geduld; *admirire* = bewundere; *considerire* = betrachte; *violentz* = Heftigkeit; *blasme* = Tadel; *capable* = befähigt; *peu valable* = wenig befähigt; *eloquentz* = Beredsamkeit; *serviren* = dienen; *dependiren* = abhängen; *influentz* = Einfluß.

Unbekannter Verfasser

Allegorisches Sonett

Amanda, liebstes Kind, du Brustlatz kalter Herzen,
Der Liebe Feuerzeug, Goldschachtel edler Zier,
Der Seufzer Blasebalg, des Trauerns Löschpapier,
Sandbüchse meiner Pein und Baumöl meiner Schmerzen,

Du Speise meiner Lust, du Flamme meiner Kerzen,
Nachtstühlchen meiner Ruh, der Poesie Klystier,
Des Mundes Alekant, der Augen Lustrevier,
Der Komplimenten-Sitz, du Meisterin im Scherzen,

Der Tugend Quodlibet, Kalender meiner Zeit,
Du Andachts-Fackelchen, du Quell der Fröhlichkeit,
Du tiefer Abgrund, du, voll tausend guter Morgen,
Der Zungen Honigsaft, des Herzens Marzipan,
Und wie man sonst dich noch, mein Kind,
beschreiben kann,
Lichtputze meiner Not und Flederwisch der Sorgen.

Unbekannter Verfasser

An die Geliebte

Göttin mit dem Rosenmunde,
Mein ganzes Ich ist eine einz'ge Wunde,
Mein Herz ein Apfel, wo der Liebe Made
Sitzt drinnen und zerfrißt es ohne Gnade.

Kanonenkugeln sind deine Blicke,
Sie zerreißen mein Herz in tausend Stücke,
Sie verbrennen mich zum Feuerrüpel,
Sie schlagen mich zum Krüpel.

Den Teig deiner Reize knet' ich stets in meinen Sinnen,
Hoch geht er auf, als wären Hefen drinnen;
Du bist ein Löschpapier, das meine Sinnen trinket,
Du bist ein Teich, worin mein Herz versinket.

Von hartem Pockholz ist dein Herz gedrechselt,
Meine Seele hast du zu Spreu zerhexelt,
Mein Tränenstrom könnt einen Fixstern löschen,
Doch kalt bleibst du, wie gesäugt von Fröschen.

Auf deinen Wangen läßt sich's botanisieren,
Weil Rosen und Lilien dort florieren,
Und von der Lippen rotem Unterkissen
Hat Amor mich mit seinem Pfeil geschmissen.

Wie den Schneemann sich die Straßenbengel,
So aus Äther webten dich die Engel,

All' ihre Schönheit schenkten sie der Einen,
Daß sie nun selbst wie schwarze Kater scheinen.

Wie Hunde nach dem Hasen lechzen,
Wie Raben nach dem Aase krächzen,
Wie nach dem Blute dürst't der Floh,
Nach deiner Liebe ächz' ich so.

Die Uhren, sie laufen vor Liebesglut schneller,
Das Eis voll Sehnsucht schmilzt in dem Keller,
Vor Liebespein brüllen die Mücken wie Kühe,
Graubärtige Eichen fall'n auf die Kniee.

Könnt' ich deine Liebe dadurch erhalten,
Die Erde wollt' ich wie einen Käse spalten,
Ich schlüge die Sonne mit Keulen tot
Und brächte sie dir zum Abendbrot.

Ich kröche zum Schornstein der Welt hinaus,
Ich brächte dir eine Engelslaus,
Ich prügelte dem Mond die Hucke voll
Und würde zuletzt vor Liebe toll.

Unbekannter Verfasser

Ghasel an die Liebe

Wem das Blut im Herzen mild quillt
Wem ein Groll drin ungestillt quillt,
Wem rings aus der Welt nur Weltschmerz,
Der wie Sturmflut schrillt und schrillt, quillt,
Wem selbst aus Musik nur Mißklang,
Der ins Ohr ihm schrecklich schrillt, quillt, –
Oh, wie dem der Quell des Daseins
Plötzlich ruhig sanft und mild quillt,
Wenn empor aus trüber Wallung
Ihm im Geist der Liebsten Bild quillt,
Magisch lächelnd, gleich dem Mondschein,
Der durch Wolken aufs Gefild quillt!
Ob wohl süßer eine Träne,
Als sie dann der Teuern gilt, quillt?
Liebe, Quell, der oft schon morgen
Heiß in dem, der heut' ihn schilt, quillt,
Quell, wo Tugendmut dem Schwachen,
Der zum Bösen war gewillt, quillt,
Quell, der stark wie unter'm Kittel,
Unter'm gold'nen Fürstenschild, quillt,
Quell, wo Labung selbst dem Krieger,
Den der grimme Hauptmann drillt, quillt,
Wo ein Zauber alles glättend
Was das Leben uns zerknillt, quillt,
Liebe, Du, aus der ein Rausch uns,
Drin der Geist sich süß beknillt, quillt,
Traurig, ach, wem nie im Herzen
Wonne, wie aus dir sie quillt, quillt!

Christian Morgenstern

Lieb ohne Worte

Mich erfüllt Liebestoben zu dir!
Ich bin deinst,
als ob einst
wir vereinigst.

Sei du meinst!
Komm Liebchenstche zu mir –
ich vergehste sonst
sehnsuchtstgepeinigst.

Doch achst, achst, schwach, arm
Wortleinstche ei, was –
genug, da auch du mich liebstest.
Fühls, fühls ohne Worte mein Meinstlein:
Ich sehne dich Steste -st -st!

Unbekannter Verfasser

Die Parallelen

War'n einst zwei Parallelen, die liebten sich gar sehr,
Sie liefen schon Wochen und Monde treu
neben einander her.

Sie liefen durch Wüsten und Länder und
über das blaue Meer.
Vergebens, ach vergebens! Ihr trefft euch nimmermehr.

Sie wollten schier verzweifeln vor Wehmut
und vor Schmerz,
der einen wollte fast brechen das Parallelen-Herz.

Da sprach die andre tröstend: »Laß fahren
Schmerz und Leid;
noch treffen sich Parallelen in der Unendlichkeit.«

Kurt Schwitters

An Anna Blume

O Du, Geliebte meiner 27 Sinne, ich liebe Dir!
Du, Deiner Dich Dir, ich Dir, Du mir, – wir?
Das gehört [beiläufig] nicht hierher!

Wer bist du, ungezähltes Frauenzimmer, Du bist, bist Du?
Die Leuten sagen, Du wärest.
Laß sie sagen, sie wissen nicht, wie der Kirchturm steht.

Du trägst den Hut auf Deinen Füßen und wanderst auf die Hände,
auf den Händen wanderst Du.

Hallo, Deine roten Kleider, in weiße Falten zersägt,
Rot liebe ich Anna Blume, rot liebe ich Dir.
Du, Deiner, Dich Dir, ich Dir, Du mir, – wir?
Das gehört [beiläufig] in die kalte Glut.
Anna Blume, rote Anna Blume, wie sagen die Leute?

Preisfrage:

1.) Anna Blume hat ein Vogel,
2.) Anna Blume ist rot.
3.) Welche Farbe hat der Vogel.

Blau ist die Farbe Deines gelben Haares,
Rot ist die Farbe Deines grünen Vogels.
Du schlichtes Mädchen im Alltagskleid,
Du liebes grünes Tier, ich liebe Dir!

Du Deiner Dich Dir, ich Dir, Du mir, – wir!
Das gehört [beiläufig] in die – Glutenkiste.

Anna Blume, Anna, A–N–N–A!
Ich träufle Deinen Namen.
Dein Name tropft wie weiches Rindertalg.
Weißt du es Anna, weißt Du es schon?
Man kann Dich auch von hinten lesen.
Und Du, Du Herrlichste von allen,
Du bist von hinten wie von vorne:
»A–N–N–A.«
Rindertalg träufelt STREICHELN über meinen Rücken.
Anna Blume,
Du tropfes Tier,
ich – liebe – Dir!

Hans von Gumppenberg

Sommermädchenküssetauschelächelbeichte

An der Murmelrieselplauderplätscherquelle
Saß ich sehnsuchtstränentröpfeltrauerbang:
Trat herzu ein Augenblinzeljunggeselle
In verweg'nem Hüfteschwingeschlendergang,
Zog mit Schäkerehrfurchtsbittegrußverbeugung
Seinen Federbaumelriesenkrämpenhut –
Gleich verspürt' ich Liebeszauberkeimeneigung,
War ihm zitterjubelschauderherzensgut!
Nahm er Platz mit Spitzbubglücketückekichern,
Schlang um mich den Eisenklammermuskelarm:
Vor dem Griff, dem grausegruselsiegesichern,
Wurde mir so zappelseligsiedewarm!
Und er rief: »Mein Zuckerschnuckelputzelkindchen,
Welch ein Schmiegeschwatzeschwelgehochgenuß!«
Gab mir auf mein Schmachteschmollerosenmündchen
Einen Schnurrbartstachelkitzelkosekuß.
Da durchfuhr mich Wonneloderflackerfeuer –
Ach, das war so überwinderwundervoll.
Küßt' ich selbst das Stachelkitzelungeheuer,
Sommersonnenrauschverwirrungsrasetoll!
Schilt nicht, Hüstelkeifewackeltrampeltante,
Wenn dein Nichtchen jetzt nicht knickeknirschekniet,
Denn der Plauderplätscherquellenunbekannte
Küßte wirklich wetterbombenexquisit!

Kurt Sigel

Lied für eine Schaffnerin

I

Die Nacht hat Vogelnester dir ins Augenlid gedrückt
der Mond schlägt Rad ein weißer Honighintem feixt
verzückt
wir spielen Katz und Maus dezentes Bauchverrenken
heut will ich schöne Schaffnerin ein Herz aus Mist dir
schenken

Ein Haus aus Rattenmief und eine Straßenbahn aus Luft
ich weiß es schmeckt dir nicht ich bin ein Schuft
ich bin ein Allesfresser Widertäufer tanz ein Bacchanal
und früh wenn dumpf der Morgen graut fress ich dich
ratzekahl

II

Im Besenginster lieg ich unterm Wolkensaum
rings gallt und nachtiflötets lind und flaum
darüberhin der Augenhimmel der auf Herz sich schleimt
auf Rosen Kosen Blüh auf Zittern reimt

O Knabberschönste Allermieze weiche Wonneleiche
daß Achselmief und Mondesglüh den Trank dir reiche
voll Falterzart und Sternenglimmerfeine ist dein Reiz
jetzt bin ich hier und du bist nabelfrei bereits

Komm laß dein blaues Zähneblecken einen Kuß ergattern
dein Lüft-den-Hintern-Liedchen furchtlos maiwärts flattern
ach! schneller magst du nie im Blumenwind verreisen
da wie der Liebste dich die Waldameisen beißen

Unsinn von gestern

Matthias Claudius

Urians Reise um die Welt

Wenn jemand eine Reise tut,
So kann er was erzählen;
Drum nahm ich meinen Stock und Hut
Und tät das Reisen wählen.

Tutti

Da hat Er gar nicht übel dran getan;
Verzähl' Er doch weiter, Herr Urian!

Zuerst ging's an den Nordpol hin;
Da war es kalt, bei Ehre!
Da dacht' ich denn in meinem Sinn,
Daß es hier besser wäre.

Tutti

Da hat Er gar nicht übel dran getan;
Verzähl' Er doch weiter, Herr Urian!

In Grönland freuten sie sich sehr
Mich ihres Orts zu sehen,
Und setzten mir den Trankrug her;
Ich ließ ihn aber stehen.

Tutti

Da hat Er gar nicht übel dran getan;
Verzähl' Er doch weiter, Herr Urian!

Die Esquimaux sind wild und groß,
Zu allem Guten träge;
Da schalt ich Einen einen Kloß
Und kriegte viele Schläge.

Tutti

Da hat Er gar nicht übel dran getan;
Verzähl' Er doch weiter, Herr Urian!

Nun war ich in Amerika;
Da sagt' ich zu mir: Lieber!
Nordwestpassage ist doch da;
Mach dich einmal darüber!

Tutti

Da hat Er gar nicht übel dran getan;
Verzähl' Er doch weiter, Herr Urian!

Flugs ich an Bord und aus ins Meer,
Den Tubus festgebunden,
Und suchte sie die Kreuz und Quer
Und hab' sie nicht gefunden.

Tutti

Da hat Er gar nicht übel dran getan;
Verzähl' Er doch weiter, Herr Urian!

Von hier ging ich nach Mexiko;
Ist weiter als nach Bremen,
Da, dacht' ich, liegt das Gold wie Stroh;
Du sollst 'n Sack voll nehmen.

Tutti

Da hat Er gar nicht übel dran getan;
Verzähl' Er doch weiter, Herr Urian!

Allein, allein, allein, allein,
Wie kann ein Mensch sich trügen!
Ich fand da nichts als Sand und Stein
Und ließ den Sack da liegen.

Tutti

Da hat Er gar nicht übel dran getan;
Verzähl' Er doch weiter, Herr Urian!

Drauf kauft' ich etwas kalte Kost,
Und Kieler Sprott und Kuchen,
Und setzte mich auf Extrapost,
Land Asia zu besuchen.

Tutti

Da hat Er gar nicht übel dran getan;
Verzähl' Er doch weiter, Herr Urian!

Der Mogul ist ein großer Mann
Und gnädig über Maßen
Und klug; er war itzt eben dran,
'n Zahn ausziehn zu lassen.

Tutti

Da hat Er gar nicht übel dran getan;
Verzähl' Er doch weiter, Herr Urian!

Hm! dacht ich, der hat Zähnepein,
Bei aller Größ' und Gaben!
Was hilft's denn auch noch: Mogul sein?
Die kann man so wohl haben.

Tutti

Da hat Er gar nicht übel dran getan;
Verzähl' Er doch weiter, Herr Urian!

Ich gab dem Wirt mein Ehrenwort,
Ihn nächstens zu bezahlen;
Und damit reist' ich weiter fort
Nach China und Bengalen.

Tutti

Da hat Er gar nicht übel dran getan;
Verzähl' Er doch weiter, Herr Urian!

Nach Java und nach Otaheit
Und Afrika nicht minder;
Und sah bei der Gelegenheit
Viel Städt' und Menschenkinder;

Tutti

Da hat Er gar nicht übel dran getan;
Verzähl' Er doch weiter, Herr Urian!

Und fand es überall wie hier,
Fand überall 'n Sparren,
Die Menschen grade so wie wir
Und eben solche Narren.

Tutti

Da hat Er übel, übel dran getan;
Verzähl' Er nicht weiter, Herr Urian!

Philipp Hafner

Quodlibet

Wenn die Krankheit mich nicht quälet,
Leb ich gsund und wohl,
Und wenn mirs am Geld nicht fehlet,
Ist mein Beutel voll,
Wenn ich recht nach Gnügen saufe,
Durstet mich nicht mehr,
Und wenn ich mit andern raufe,
Schlag ich hin und her.

Wenn ich etwas unternehme,
Hab ich was zu thun,
Wenn ich mich um etwas gräme,
Läßt es mich nicht ruhn;
Wenn ich im Pirutsche fahre,
Geh ich nicht zu Fuß;
Wenn ich Geld für andre spare,
Hab ich keinen Gnuß.

Wenn ich auf die Leiter steige,
Komm ich in die Höh,
Wenn ich was Geheims verschweige,
Sag ich es nicht eh;
Wenn ich wen Bekannten grüße,
Zuck ich Fuß und Hut,
Und wenn ich die Doris küsse,
Schmeckt es mir recht gut.

Wenn ich gute Verse schreibe,
Bin ich ein Poet,
Und wenn ich gut Kegel scheibe,
Werf ich auf das Brett;
Wenn ich andern etwas stehle,
Hab ich Schuld daran,
Und wenn ich mich heut vermähle,
Bin ich morgen Mann.

Wenn ich auf der Gasse gehe,
Bin ich nicht zu Haus;
Wenn ich auf die Leuthe schmähe,
Schimpf ich sie recht aus;
Wenn ich in der Finster bleibe,
Seh ich keinen Stich;
Wenn ich mir die Zeit vertreibe,
So verkürzt sie sich.

Wenn ich nicht Peruken trage,
Hab ich eigne Haare,
Wenn ich keine Lügen sage,
So ist alles wahr;
Wenn ich viele Jahre lebe,
Werd ich Kinderspott,
Und wenn ich den Geist aufgebe,
Bin ich Mause todt.

Johann Wolfgang Goethe

Séance

Hier ist's, wo unter eignem Namen
Die Buchstaben sonst zusammen kamen.
Mit Scharlachkleidern angetan
Saßen die Selbstlauter oben an:
A, E, I, O und U dabei,
Machten gar ein seltsam Geschrei.
Die Mitlauter kamen mit steifen Schritten,
Mußten erst um Erlaubniß bitten.
Präsident A war ihnen geneigt;
Da wurd' ihnen denn der Platz gezeigt;
Andre aber die mußten stehn,
Als Pe Ha und Te Ha und solches Getön.
Dann gab's ein Gerede, man weiß nicht wie:
Das nennt man eine Akademie.

Johann Wolfgang von Goethe

Das Lied vom Floh

Es war einmal ein König,
Der hatt' einen großen Floh,
Den liebt' er gar nicht wenig,
Als wie seinen eignen Sohn.

Da rief er seinen Schneider,
Der Schneider kam heran:
»Da, miß dem Junker Kleider,
Und miß ihm Hosen an!«

In Sammet und in Seide
War er nun angetan,
Hatte Bänder auf dem Kleide,
Hatt' auch ein Kreuz daran.

Und war sogleich Minister
Und hatt' einen großen Stern.
Da wurden seine Geschwister
Bei Hof auch große Herrn.

Und Herrn und Fraun am Hofe,
Die waren sehr geplagt,
Die Königin und die Zofe
Gestochen und genagt,

Und durften sie nicht knicken
Und weg sie jucken nicht.
Wir knicken und ersticken
Doch gleich, wenn einer sticht.

Johann Wolfgang Goethe

Annonce

Den 26. Mai 1811

»Ein Hündchen wird gesucht,
Das weder murrt noch beißt,
Zerbrochne Gläser frißt
Und Diamanten ...«

Ludwig Bechstein

Der Verdrießliche

Ich bin verdrießlich;
Weil ich verdrießlich bin,
Bin ich verdrießlich.

Sonne scheint gar zu hell,
Vogel schreit gar zu grell,
Wein ist zu sauer mir,
Zu bitter ist das Bier,
Honig zu süßlich.

Weil nichts nach meinem Sinn,
Weil ich verdrießlich bin,
Bin ich verdrießlich.

Dort wird Musik gemacht,
Dort wird getanzt, gelacht,
Dort wirft man gar den Hut:
Wie mich das ärgern tut!

Ist nicht ersprießlich,
Ist nicht nach meinem Sinn,
Weil ich verdrießlich bin,
Ach, so verdrießlich.

Wo ich auch geh und steh,
Ich meinen Schatten seh,
Immer verfolgt er mich,
Ist das nicht ärgerlich?

Und wenn der Himmel trüb,
Ist es mir auch nicht lieb,
Winter ist mir zu kalt,
Frühling kommt mir zu bald,
Sommer ist mir zu warm,
Herbst bringt den Mückenschwarm,
Mücken auf jeder Hand,
Mücken an jeder Wand;

O wie mich das verstimmt!
O wie mich das ergrimmt!
Wie das ins Herz mich brennt!
Himmelkreuzelement –
Bin ganz verdrießlich,
Weil nichts nach meinem Sinn,
Weil ich verdrießlich bin,
Ach, wie verdrießlich!

Eduard Mörike

Zwo Ältere Gedichte

Der Kehlkopf

Der Kehlkopf, der im hohlen Bom
Als Weidenschnuppe uns ergözt,
Dem kam man endlich auf das Trom,
Und hat ihn säuberlich zerbäzt,
Man kam von hinten angestiegen,
Drauf ward er vorne ausgezwiegen.

Die Streichkröte

Die Kröte, die einst mutig strich,
Hat nun der blasse Tod ergriffen,
Daß ihr das Eingeweichse blich,
Die Volz dazu war nicht geschliffen:
Man rieb sie etwas mit dem Fuß,
Dieweil sie *sterben* muß!

Friedrich Theodor Vischer

Das Allotrion

Sieh, es laufen die Begriffe
Seltsam öfters durcheinander,
Rinnen ineinander über.
Ein Allotrion, was ist's denn?
Was will heißen anderartig?
Was will heißen sogeartet?
Wenn man es genauer ansieht,
Ist das Andre auch das Eine
Und das Eine ist das Andre;
Siehst von Jenseits du hinüber
Auf das Diesseits, so erscheinet
Als ein Jenseits dir das Diesseits;
Ist von Drüben angesehen
Nicht das Hüben nur ein Drüben?

Unbekannter Verfasser

Wenn der Vater mit dem Sohne

Wenn der Vater mit dem Sohne
Auf dem Zündloch der Kanone
Ohne Sekundanten paukt,
Und die kleinste Kreature
In dem Zentrum der Nature
Thymian zu wittern glaubt
– Dann ade, ade, ade,
Dann ade, ade, ade,
Dann ade Schatz, lebe wohl!

Wenn die Sonn' am Firmamente
Mit dem Mond im Viereck rennte
Und ihm treue Liebe schwört,
Und die Menschheit hochbeklommen,
Ob der Dinge, die da kommen,
Tiefe Seufzer fahren hört
– Dann ade, ade, ade usw.

Dann ergreift die Hyazinthe,
Ach! voll Wehmut ihre Flinte,
Und der Harung, auch nicht faul,
Nimmt, das Vaterland zu retten,
Nebst zehntausend Bajonetten
Noch ein Trommelfell ins Maul
– Dann ade, ade usw.

Wenn der Engel mit dem Teufel
Auf dem Schneegebirg der Eifel,

An der Schnapsflasch' sich ergötzt,
Und St. Petrus dann im Himmel
Wie ein Erzphilisterlümmel
Hunde auf die Jungfraun hetzt
– Dann ade, ade usw.

Wenn die Mosel mit dem Rheine
In dem finstern Sonnenscheine
Überschwemmt der Tugend Pfad,
Und der Senior der Westfalen
Alle Pümper soll bezahlen,
Die die Krone Englands hat
– Dann ade, ade usw.

Wenn das Meer mit allen Flüssen
Unter Regenwolkengüssen
Sich in Bierstoff umgestalt't,
Und der Vesuv mit der Hölle
Sich zur köderreichen Quelle
Schaffen läßt durch Dampfgewalt
– Dann ade, ade usw.

Wenn das Krokodil mit Freuden
Ob der christkathol'schen Leiden
Ab del Kadern haranguiert,
Und der Floh mit dreien Läusen
Nebst zwei englisierten Mäusen
Der Walhalla Fronten ziert
– Dann ade, ade usw.

Unbekannter Verfasser

Kunz von Kauffungen

Weise: »A, B, C, D, E, F, G.«

Kunz von Kauffungen mit *zwei* Rittern
saß in der Waldschenk' und trank einen Bittern.

Da besoff sich Einer von den Rittern,
fiel unter'n Tisch, daß die Wände zittern.

Kunz von Kauffungen mit *einem* Ritter
saß in der Waldschenk' und trank einen Bittern.

Da besoff sich der And're von den Rittern,
fiel untern Tisch, daß die Wände zittern.

Kunz von Kauffungen *ohne* die zwei Ritter
saß in der Waldschenk' und trank einen Bittern.

Kunz von Kauffungen ohne die zwei Ritter,
fiel endlich selbst ab – die Wände zittern!

Kunz von Kauffungen mit zwei Rittern
lag unter'm Tisch, besiegt vom Bittern.

Da erhob sich Einer von den Rittern,
saß in der Waldschenk' und trank einen Bittern.

Kunz von Kauffungen mit *einem* Ritter
schnarcht' unter'm Tisch, daß die Wände zittern.

Da erholt sich der Andere von den Rittern,
saß in der Waldschenk' und trank einen Bittern.

Kunz von Kauffungen *ohne* die zwei Ritter
schnarcht' unter'm Tisch, daß die Wände zittern.

Endlich erholt sich Kunz gleich den zwei Rittern,
saß in der Waldschenk' und trank einen Bittern.

Kunz von Kauffungen mit zwei Rittern
ließ nach diesem Vorfall die Pferde füttern.

Kunz von Kauffungen mit seinen Rittern
ritt nach Chemnitz und trank einen Bittern.

Da besoff sich Einer von den Rittern,
fiel unter'n Tisch, daß die Wände zittern, etc. etc.

Da capo in infinitum.

Curt Seibert

Wirtshaus an der Lahn

Es stand ein Wirtshaus an der Lahn,
Da kamen viele Gäste an.
Frau Wirtin schlug die Leier.
Die Gäste saßen drum herum
Und lachten sich halb schief und krumm.
War das 'ne schöne Feier!

Frau Wirtins Tochter Röschen hieß,
Die sich von jedem küssen ließ.
Soldaten und Studenten,
Die zahlten stets die Hälfte nur
Und hießen Abonnenten.

Frau Wirtin hatte auch 'ne Schwester,
Die trank des Abends alle Rester.
Und wenn sie mal besoffen,
Dann war sie zu den meisten Gästen
Ganz besonders offen.

Frau Wirtin hatt' auch einen Sohn,
Der küßt mit vierzehn Jahren schon.
Und wenn ein Mädchen schmollte,
Dann zeigt' er einen Groschen ihm,
Damit es kommen sollte.

Frau Wirtin hatte einen Onkel,
Dessen Charakter vielen donkel.
Und war er stark bezecht,
Stritt man sich oft, ob männlich war,
Ob weiblich sein Geschlecht.

Frau Wirtins Nichte Kunigund,
Die hatte einen Riesenmund
Wie 'ne Berliner Weiße.
Und wenn ein Mann sie küssen wollt',
    Glaubt er, daß sie ihn beiße.

Frau Wirtin hatte noch 'ne Nichte.
Schlafwandelnd ging sie mit dem Lichte.
Geriet sie in Ekstase,
Fraß sie den ganzen Leuchter auf,
    Der war aus blauem Glase.

Frau Wirtins Bruder war ein Schlimmer.
Er schloß sich in das Badezimmer
Und turnte auf der Wanne,
Macht Kopfstand auf dem Abflußrohr.
    Was sagt ihr zu dem Manne?

Frau Wirtin hatt' auch eine Tante,
Die jeden Mann im Lande kannte.
Sie sah ihm in die Augen
Und sagte ihm dann auf den Kopf,
    Wozu er könne taugen.

Frau Wirtin hatt' auch eine Mutter,
Die machte unermüdlich Butter
Und ließ sich niemals lumpen.
Denn wenn die Kuhmilch nicht mehr reicht,
    Ging sie zur Ziege pumpen.

Frau Wirtin hatte auch 'ne Bonne,
Schon die Figur 'ne wahre Wonne.

Doch darf man sie nicht schelten.
Sie tat's nur übern Traualtar.
    Der Fall ist äußerst selten.

Frau Wirtin hatt' auch einen Traum:
Es lief ein Mann um einen Baum.
Dem wollte es nicht glücken,
Trotz rasender Geschwindigkeit
    Sich an den Kopf zu kratzen.

Frau Wirtin hatt' auch einen Inder,
Der spielte Spiele wie die Kinder.
Trotz Asthma und Gekeuche
Behielt er seinen Turban auf.
    So streng sind dort die Bräuche.

Frau Wirtin hatt' auch einen Schmied,
Hat an der Hand ein krummes Glied,
Das war wie eine Brezel.
Und wie er damit schreiben konnt',
    Das ist und bleibt ein Rätsel.

Frau Wirtin hatte noch 'nen Schmied,
Hat an der Hand ein viereckig Glied,
Doch Bildung macht erfindrisch.
Er nahm sich eine Feile her
    Und feilte es zylindrisch.

Frau Wirtin hatt' auch einen Mohr,
Der hatte nur ein einzig Ohr.
Das andre ging ihm flöten.
Bei einer Massentanzerei
    Da ward es ihm zertreten.

Frau Wirtin hatt' 'nen Radiofunk,
Der schafft ihr viel Befriedigung.
Wenn er mal Musik machte,
Tanzt sie allein mit einem Mann,
An den sie grade dachte.

Frau Wirtin hatt' auch einen Stein.
Dies Möbel, rund und flach und fein,
Schob sie beim Tanzesfeste
Zur Regelung der Schwingungszahl
Den Herrn unter die Weste.

Frau Wirtin hatte 'nen Chines',
Der war so dick wie ein Gefäß.
Drum sprach sie einst im Zorne:
»Du ostasiatscher Schweinehund,
Wo ist bei dir denn vorne?«

Frau Wirtin hatt' auch einen Clown,
Der war possierlich anzuschaun.
Nachts klettert er geläufig
Am Brauserohr im Bad hinauf.
Die Nummer ist nicht häufig.

Frau Wirtin hatt' auch 'nen Pastor,
Der trug am Bauch 'nen Trauerflor.
Er konnt' es nicht vergessen,
Daß er beim letzten Schützenfest
Sich furchtbar überfressen.

Frau Wirtin hatt' 'nen Hirtenbub,
Der hinterm Haus Radieschen grub.
Er blies auf der Schalmeien.
Las er »Des Knaben Wunderhorn«,
    Das tat sie sehr erfreuen.

Frau Wirtin hatt' auch einen Star,
Das war ein Vogel wunderbar.
Saß er auf einem Steine,
Dann zupft er sich die Federn aus
    Und sang die Wacht am Rheine.

Frau Wirtin hatt' 'nen Veteran,
Das war gewiß ein tapfrer Mann.
Schnitt er sich in den Finger,
Dann träumte er vom Heldentod
    Und noch ganz andre Dinger.

Frau Wirtin hatt' 'nen Regisseur,
Der stellte dar »Bewegtes Meer«.
Das wollt' ihm gut gelingen,
Denn unter blauer Leinewand
    Ließ er zehn Paare ringen.

Frau Wirtin hatte einen Lehrer,
Der hat 'nen Kopf wie 'n Briefbeschwerer.
Er schlief im Gehn und Liegen.
Jetzt ist er bei den Engelein
    Und kann es auch im Fliegen.

Frau Wirtin hatte eine Magd,
Die hatt' beim Tanzen nein gesagt.
Sie wurde alt und grau.
Sie tanz' erst, sagt sie, wenn sie wär
'ne richtge gnädge Frau.

Frau Wirtin hatt' auch einen Kahn,
Mit dem befuhr sie oft die Lahn.
Sie legt sich auf den Rücken,
Macht dann den Mund mal auf, mal zu
Und fing damit die Mücken.

Frau Wirtin hatt' auch einen Floh,
Der trank nur frische Milch und so.
Sie trug ihn in der Jacke.
Er sagt: »Wenn ich nicht bald was krieg,
Beiß ich dich in die Backe.«

Frau Wirtin hatt' auch einen Hund,
Der kratzte sich die Pfoten wund.
Er hatte längst gerochen,
Daß sich die alte, dicke Katz
Im Abflußrohr verkrochen.

Einst war ich selbst mal an der Lahn
Und sah mir dort Frau Wirtin an.
Was mußt' ich von ihr hören?
Es ist ja alles gar nicht wahr,
Sie läßt sich nicht betören!

Heinz Erhardt

Frau Wirtin

Frau Wirtin hatte einen Tänza,
den kriegte, ach, die Influenza
in ihre bösen Fänge.
Nun lag mit vierzig er im Bett –
na, das war ein Gedränge ...!

Unbekannter Verfasser

Ungewöhnliches Evenement

Er

Der Mond, der scheint so helle,
Es glühn die Sternelein;
Er steht mit seiner Zither
Vor ihrem Fensterlein.

Sie

Der Mond, der scheint so helle,
Es glühn die Sternelein,
Sie sieht ihn mit der Zither
Vor ihrem Fensterlein.

Er

Er steht mit seiner Zither
Vor ihrem Fensterlein;
Der Mond, der scheint so helle,
Es glühn die Sternelein.

Sie

Sie sieht ihn mit der Zither
Vor ihrem Fensterlein;
Der Mond, der scheint so helle,
Es glühn die Sternelein.

Er

Die Sternelein, die glühen,
Es scheint der Mond so hell,
Er steht mit seiner Zither
Noch auf derselben Stell.

Sie

Die Sternelein, die glühen,
Es scheint der Mond so hell;
Sie sieht ihn mit der Zither
Noch auf derselben Stell.

Er

Er steht mit seiner Zither
Noch auf derselben Stell,
Die Sternelein, die glühen,
Es scheint der Mond so hell.

Sie

Sie sieht ihn mit der Zither
Noch auf derselben Stell,
Die Sternelein, die glühen,
Es scheint der Mond so hell.

Unbekannter Verfasser

Nachtwächter-Variationen

Wenn ein Nachtwächter
mit seinem Spieß in der Hand,
seinen Hund hinter sich,
ins Horn stößt,
so wird sich gewiß niemand wundern.
Wenn aber derselbe Nachtwächter,
seinen Hund in der Hand,
sein Horn hinter sich,
in seinen Spieß stieße;
oder seinen Spieß hinter sich,
sich selbst in der Hand,
sein Horn in den Hund stieße,
oder, sich selbst hinter sich,
seinen Hund in der Hand,
seinen Spieß in das Horn stieße,
– so würde sich gewiß
die ganze Welt verwundern.

Unbekannter Verfasser

Der Spaziergang im Walde

Zwei Löwen gingen einst selband
In einem Wald spazoren,
Und haben da von Wut entbrannt
Einander aufgezohren.

Da kamen eines Tags daher
Des Wegs, zwei Leute, edel,
Die fanden von dem Kampf nichts mehr,
Als beider Löwen Wedel.

Daraus geht nun für Groß und Klein
Die weise Lehr' hervor:
›Selbst mit dem besten Freunde dein
Im Walde nie spazor!‹

Unbekannter Verfasser

Heldinnen der Mode

Der Indier sieht den Kakadu
Auf hohen Bäumen brüten,
Der kommt auf den Antillen vor,
Sowie auf Damenhüten.

Der Kolibri umflattert gern
Die bunten Wiesenblüten;
Man trifft ihn in Brasilien an,
Sowie auf Damenhüten.

Die Eidergans dringt südlich vor
Bis in das Land der Jüten,
Sie nistet oft am Kattegatt,
Sowie auf Damenhüten.

Im Nest des Haselhuhnes soll
Der Fuchs bisweilen wüten,
Es hält sich in Gebüschen auf,
Sowie auf Damenhüten.

Auf Ebenen hockt der Pfefferfraß,
Zumal auf sonndurchglüten,
Er zeigt sich in Paraguay,
Sowie auf Damenhüten.

Die Haubenlerche war bekannt
Schon bei den alten Skythen,
Quartiert sich nah den Dörfern ein,
Sowie auf Damenhüten.

Das Krächzen läßt der Arara
Von keinem sich verbieten,
Man findet ihn in Borneo,
Sowie auf Damenhüten.

Vom Drontevogel melden uns
Die Forscher bloß noch Mythen,
Aus diesem Grunde sieht man ihn
Auch nicht auf Damenhüten.

Unbekannter Verfasser

Wassermaus und Kröte

Eine Wassermaus und eine Kröte
Stiegen eines Abends spöte
Einen steilen Berg hinauf.
Sprach die Wassermaus zur Kröte:
»Warum gehst du abends spöte
Diesen steilen Berg hinan?«
Sprach zur Wassermaus die Kröte:
»Zum Genuß der Abendröte
Geh' ich diesen Abend spöte
Diesen steilen Berg hinan.«
Dies ist ein Gedicht von Goethe,
Das er eines Abends spöte
Auf dem Sopha noch ersann.

Unbekannter Verfasser

Zwei Hasen

Zwischen Berg und tiefem, tiefem Tal,
Saßen einst zwei Hasen.
Fraßen ab das grüne, grüne Gras
Bis auf den Rasen.

Als sie sattgefressen warn,
Setzten sie sich nieder,
Bis daß der Jäger, Jäger kam
Und schoß sie nieder.

Als sie sich aufgesammelt hatten
Und sich besannen,
Daß sie noch Leben, Leben hatten,
Liefen sie von dannen.

Unbekannter Verfasser

Der Nabel

Auf des Berges Gipfel saß er
Dreißig Jahre lang;
Seines Nabels Zipfel maß er
Dreißig Jahre lang:

»Dich erforsch ich, alles Lebens
Brenn- und Knotenpunkt;
Ach, mit anderem vergebens
Der Gelehrte prunkt.

Eine Kette eines Nabels
Zieht sich durch die Welt
Schon seit Kains Zeit und Abels,
Bis sie einst zerfällt.

Und ich bin von diesem großen
Nabel abgezwickt;
Drum ihr Augen, unverdrossen
Nabelwärts geblickt.«

Und so saß er, eine Leiche
Eines Morgens da,
Nach dem Nabel noch das bleiche,
Stille Antlitz sah.

Georg Greflinger

Leberreim

Die Leber ist vom Hecht und nicht von einem Rochen:
Das Glück gibt manchem Fleisch / dem andern leere Knochen.
Doch werden beyde satt / und was noch ärger ist /
Ist / der es nicht verdient / daß der das beste frißt.

Unbekannte Verfasser

Leberreime

Die Leber ist vom Hecht, nicht von der Nachtigall:
Und Leberreime gabs nicht vor dem Sündenfall.

Die Leber ist vom Hecht und nicht von einem Iltis:
Und wenn ein guter Mann Hechtleber dir empfiehlt, iß.

Die Leber ist vom Hecht und nicht von einem Rind:
Das Auge macht verliebt, doch macht die Liebe blind.

Die Leber ist vom Hecht und nicht von einem Spechte:
Rechts liegt der linke Daum, dagegen links der rechte.

Unbekannter Verfasser

Leberreime

Die Leber ist nicht vom Schincken,
An der Hunde hincken
An der Huren wincken
An der Frawen weinen
An der Gelehrten meynen
Und der Krämer schweren
Soll sich niemand kehren.

Diß Leberlein ist wolbereyt:
Wer von Leipzig kömpt ohne Weib
Von Wittenberg mit gsundem Leib
Von Helmstadt ohn geschlagen
Weiß wol von Glück zu sagen.

Theodor Fontane

Leberreime

Die Leber ist von einem Hecht und nicht
von einer Schleie,
Der Fisch will trinken, gebt ihm was, daß er
vor Durst nicht schreie.

Die Leber ist von einem Hecht und nicht von einem Störe,
Es lebe Lehrer Klingenstein, der Kantor der Kantöre!

Bisher Ungehörtes

J. Harisch und J. Nagel

Pariser Reminiszenz

Nach Paris, sagt er, bin i gfahrn, sagt er,
hab mitn Geld, sagt er, nit wolln sparn, sagt er;
hab versetzt, sagt er, mein Papier, sagt er,
und mein Alte, sagt er, lassen hier.

Auf der Ras, sagt er, wars a Freud, sagt er,
zweite Klass, sagt er, schöne Leut, sagt er;
hab da gmacht, sagt er, meine Gspaß, sagt er,
i bin witzi, sagt er, wia man waß.

D'Leut habn glacht, sagt er, über mi, sagt er,
habn bewundert, sagt er, mein Genie, sagt er;
hab mi gfreut, sagt er, nach Paris, sagt er,
Unterhaltung, sagt er, gibts dort gwiß.

No so segns, sagt er, i war dort, sagt er,
war nit übel, sagt er, so ein Ort, sagt er;
aber's Geld, sagt er, geht halt drauf, sagt er,
eh mans denkt, sagt er, sitzt man auf.

Glei zum Dreher, sagt er, bin i grennt, sagt er,
weil der Durst, sagt er, mi hat brennt, sagt er;
ganz vergnügt, sagt er, war mein Sinn, sagt er,
hab mi gfühlt, sagt er, ganz in Wien.

Nur viel Bier, sagt er, und viel Hetz, sagt er,
und viel Mädeln, sagt er, nachher gehts, sagt er;
das war dort, sagt er, alls beisamm, sagt er,
i hab gsoffen, sagt er, wia a Schwamm.

D'Weltausstellung, sagt er, war wohl schön, sagt er,
aber z'müd, sagt er, macht ein's Gehn, sagt er;
deswegen war i, sagt er, nit oft drinn, sagt er,
sieh's ja später, sagt er, z'Haus in Wien.

Im Theater, sagt er, hab i gschwitzt, sagt er,
auf d'Helena, sagt er, hab i gspitzt, sagt er;
aber unsre, sagt er, gefallt mir mehr, sagt er,
is fast zwamol, sagt er, grad so schwer.

Kurz und gut, sagt er, ohne Spott, sagt er,
weil i bin, sagt er, Patriot, sagt er,
muß i sagn, sagt er, nach mein Sinn, sagt er,
is Paris, sagt er, nix gegn Wien!

Niémetz Lenau Ferencz Miklos

Magyarisches Schilflied

In dos Daich, das regungslose,
Schaugt dos ungorische Mond,
Glaichsam steckend saine Nose
In ain Glos – ist so gewohnt!

Wondelt Hirsch vorbai on Higerl,
Nocht ist etwos dunkel zwor,
Ober Hirsch ist stolz wie Gigerl –
Hirsch ist eben: Mogyor!

Wann ich seh dos, muß ich sogen:
Dos ist scheen: Teremtete!
Dos geht ainem durch den Mogen
Wie ain haißer Nochtkaffee.

Niémetz Lenau Ferencz Miklos

Natur und Goulasz

Sonne druckt sich rasch!
Schworzes Wolkerl ziegt
Grod als wann Goulasz
Schworz auf Teller liegt.

Zwischen Wolken so
Rot erschaint das Blitz
Als wie Papriko
Zwischen Goulasz-Schnitz.

Und es fohrt Orkan
Durch dos Himmel auch
Grod wie Goulasz dann
Fohrt herum in Bauch.

Joachim Ringelnatz

Gedicht in Bi-Sprache

Ibich habibebi dibich,
Lobittebi, sobi liebib.
Habist aubich dubi mibich
Liebib? Neibin, vebirgibib.

Nabih obidebir febirn,
Gobitt seibi dibir gubit.
Meibin Hebirz habit gebirn
Abin dibir gebirubiht.

Kurt Schwitters

Undumm

So höre glant schrein quälte Morea
Mamauer gleiß verlarnte du ich singe
Schrill glutet glant equalte fein
Wie Räderachsen schreien schrein
Glut quälte leiberheiß verlarnte Schein
O höre! E verlarnte quälte Qualen.
    Sidu Sibeelee platscht der Mond
    O siehe du, oh singe mit,
    Libeelee goldet Glotea.
Doch Quaale Traum erdrosselt meine Singe.

Karl Valentin

Chinesisches Couplet

I.

Mantsche Mantsche Pantsche Hon kon Tsching Tschang
Kaifu schin sie Pering gigi wai hai wai
Titschi tatschi makka zippi zippi zappi
Guggi dutti suppi Mongolei.
Tingeies Tangeies Hundi Hundi guschdi
Tschinschinati wuschi wuschi tarn tarn tarn
Wanni ko na kimmi, kummi aber nimmi
Kim i, kumm i, aber i kim kam.
Wo wie we wie bobi hopsi tsching tschang
Asi Stasi Wasi Wisi Tschin Tschin Tschin
Taubi Taubi Piepi Piepi sei si indi ändi
Wase bobi widdi midi Lanolin.
China drinna kenna Kinda mi alsamm
Tarn – Tarn – Tarn.
Refrain: Ziggi zam ziggi zam Tschin Tschin wuggi gu
Wassi Wassi tscheng patschi zsching wuh-hu wu.

II.

Ni widi tschen mali gan demi detti
La bade schon wette wett wum wum
Goll wudi bum bim wuschi wuschi sitz wetz
Sussi sussi sussi witschi schrumm
So von om runte, giglgilgoggi
Da legst di nieder plim plam plum.
Tutti tutti grossi, heiße Suppi blosi

Rahm o schlecken un on inten rum
Anni wiedi well well tarn di diti tarn tarn
Schlucki schlucki wust wust gudi dudi gut.
Bier ham mi nimi, sauf ma halt a Wassi
Magi der is lari nachher wirst kaput
Niki nischi waschi schliffi schnack
Wauh, Wauh, Wauh.
Refrain: Ziggi zam ziggi zam Tschin Tschin wuggi gu
Wassi Wassi tscheng patschi zsching wuh-hu wu.

III.

Snekrededeng widi putzpomade Sachti
Boane wecke, tutti frutti wasch, wasch, wasch
Poopi nanni quaste Millen dunsen,
Haferl gocken, Schmeckt betzi G'wasch
Ka ko ki ka Kika keki Wanzi
Magi, Magi, Magi, Magi, Magi, Magi a
Humi wepsi bieni, um halb elfi gimmi
Heidi bobi tschingreding ins pet
Tsching Tschang Tsching Tschang gibidane buse
Meini lippi Xaxixaxixaxixaxixax
Tsching Tschang Tsching Tschang gisidanan fussi
Andigiggiollipappi haxi haxi hax
Glaub mich lachen's aus weil bin Chinese
Was ist dös?
Refrain: Ziggi zam ziggi zam Tschin Tschin wuggi gu
Wassi Wassi tscheng patschi zsching wuh-hu wu.

Gerhard Rühm

aun da schenan blaun donau

waun s
aun da schenan blaun donau
schdinggd

daun
hod da johann schdrauss
im soag
an schas lossn

wer doch wer

wer in der sahara
miete zahlt
beweist mut

doch wer mit tomaten
tennis spielt
beschwört sodom

Unbekannter Verfasser

In der bimbambolischen Kirche

In der bimbambolischen Kirche
geht es bimbambolisch zu:
tanzt der bimbambolische Ochse
mit der bimbambolischen Kuh.
Und die bimbambolische Mutter
kocht den bimbambolischen Brei,
und die bimbambolischen Kinder
fassen mit den Fingern drein.

Oskar Huth

Neues Doppel-Saalelied

An der Doppelsaale
hellem Doppelstrande
stehen Doppelburgen
stolz und doppelkühn.

Ihre Doppeldächer
sind verfallen,
und der Wind
streicht durch die Doppelhallen.

Doppelwolken
ziehen drüber hin.

Christine Busta

Zappelzeh und Zwidermann

Die Zauberin Zappelzeh,
die ißt nur frischgefallnen Schnee,
fährt Windrad und spielt Wasserwerkel
und fliegt auf einem Rosenferkel.

Ihr Nachbar, der Herr Zwidermann,
der gar kein bißchen zaubern kann,
besteigt mit würdevoller Miene
mißmutig seine Limousine.
Er fährt sein Radio spazieren,
mag nicht mit Wasser musizieren
und strampelt sich nicht ab mit Winden,
kann auch am Schnee nichts Gutes finden,
der ist ihm viel zu kalt geraten,
und Ferkel liebt er nur gebraten.

Oskar Pastior

Gliederwind ißt Nebensonnen

drei schwindel hingen am winkelsprung
wie einfach zur verzweifelung
sie schwangen hin und stunden her
als ob auch ich ein schwengel wär
auch ihr verbund fing fingernd mir
zu schwinden an von rang und kür
der eine klang und ging und hing
der andre schlingerte und schlang
und ich der dritte schwamm im schwund
schwang eingemischt im sindelspund

Daniel Spoerri

das rezel kroitz wort

das rezel kroitz wort
rezelt das wort kroiz
wort rezelt das kroiz

das kroiz wort rezel
kroizt das rezel wort
rezel kroizt das wort

Friedrich Achleitner

middn im woed

middn im woed
schded nix
wiara bam

und dea bam
dea schded nix
wia middn im woed

jessas
jessas
daifö
daifö
Haggod

um middanochd
auf da fridhofsmaua
budlnoggad
waons koed is
und schnaibbd
und da wind ged

bfui daifö

Unbekannter Verfasser

Kauderwelsch

Quunk quai quenni monni denni monni nasi,
quunk quai qua, quunk quai qua.
O lazaroni, o nigodeni, scharma dunk wa de junk.
Quunk quai quenni monni denni monni nasi,
quunk quai quorum, quunk quai qua.

Ene mene mente, locum tocum tente,
carabutti carabutti,
locum tocum witsch watsch ab drum.

Ane zwane drane väre funke,
sake knake zepple bohne baffs.

Äne, däne, diadee,
Diadee, di Salome,
Salome, digattriga,
gattri, gattri, gums.

Eni beni suptraheni,
Divi davi domi neni,
ecca brocca, casa nocca,
zingele, zangele, dus.

Anege hanege
serege sirige
ripeti pipeti knoll.

Unbekannter Verfasser

Chinesisch

Anzkiis kwanziis kurschpiis kluus,
ee pee tipsi ee lee muus,
icki picki, grammatiki,
ucki pucki kleinkarnuus.

Ong drong dreoka,
lembo lembo seoka,
seoka di tschipperi,
tschipperi di kolibri,
ong drong dreoka.

Öne, töne to, Gapernelle no,
Isabelle, Pumpernelle,
ibeli, bibeli, pump.

Ene mene minke tinke,
wade rade rollke tollke,
wiggel waggel weg.

Enchen, denchen, dittchen, dattchen,
sibeti, bibeti, bonchen, battchen,
sibeti, bibeti, buff.

Spiele mit der Logik

Adelbert von Chamisso

Tragische Geschichte

's war einer, dem's zu Herzen ging,
Daß ihm der Zopf so hinten hing,
Er wollt' es anders haben.

So denkt er denn: wie fang' ich's an?
Ich dreh' mich um, so ist's getan –
Der Zopf, der hängt ihm hinten.

Da hat er flink sich umgedreht,
Und wie es stund, es annoch steht –
Der Zopf, der hängt ihm hinten.

Da dreht er schnell sich anders 'rum,
's wird aber noch nicht besser drum –
Der Zopf, der hängt ihm hinten.

Er dreht sich links, er dreht sich rechts,
Es tut nichts Gut's, es tut nichts Schlecht's
Der Zopf, der hängt ihm hinten.

Er dreht sich wie ein Kreisel fort,
Es hilft zu nichts, in einem Wort –
Der Zopf, der hängt ihm hinten.

Und seht, er dreht sich immer noch,
Und denkt: Es hilft am Ende doch –
Der Zopf, der hängt ihm hinten.

Friedrich Rückert

Der Künstler und sein Publikum

Der Stumme sprach zum Blinden:
Mir würd' ein Gefall'n geschehn,
Könnt' ich den Harfner finden;
Hast du ihn nicht gesehn?
Ich selber mache so vieles
Mir nicht aus Harfenton,
Doch wünscht' ich sehr, er spiel' es
Für meinen tauben Sohn.

Der Blinde sprach: Soeben
Hab' ich den Mann gesehn;
Mein lahmer Läufer daneben
Soll ihn zu holen gehn.
Da lief der lahme Läufer,
Wie man Befehl ihm gab,
Schnell lief er nach dem Harfner
Die Straßen auf und ab.

Der Harfner kam gegangen
Und machte seinen Gruß;
Er hatte keine Arme,
Und spielte mit dem Fuß.
Er spielte, daß vor Entzücken
Der Taube war ganz Ohr,
Der Blind' ihn maß mit Blicken,
Der Stumme jauchzt' empor.

Der Lahme ließ zum Tanze
Sich an, und sprang mit Macht.
Beisammen blieb die ganze
Gesellschaft bis in die Nacht.
Und als sie sich nun schieden,
War mit des Harfners Kunst
Das Publikum zufrieden,
Und er mit dessen Gunst.

Heinrich Heine

Symbolik des Unsinns

Wir heben nun zu singen an
Das Lied von einer Nummer,
Die ist geheißen Nummer Drei;
Nach Freuden kommt der Kummer.

Arabischen Ursprungs war sie zwar,
Doch christentümlich frummer
In ganz Europa niemand war
Wie jene brave Nummer.

Sie war ein Muster der Sittlichkeit
Und wurde rot wie ein Hummer,
Fand sie den Knecht im Bett der Magd;
Gab beiden einen Brummer.

Des Morgens trank sie den Kaffee
Um sieben Uhr im Summer,
Im Winter um neun, und in der Nacht
Genoß sie den besten Schlummer.

Jetzt aber ändert sich der Reim,
Und ändern sich die Tage;
Es muß die arme Nummer Drei
Erdulden Pein und Plage.

Da kam ein Schuster und sagte: der Kopf
Der Nummer Drei, der sähe
Wie eine kleine Sieben aus,
Die auf einem Halbmond stehe.

Die Sieben sei aber die mystische Zahl
Der alten Pythagoräer,
Der Halbmond bedeute Dianendienst,
Er mahne auch an Sabäer.

Sie selber, die Drei, sei Schibboleth
Des Oberbonzen von Babel;
Durch dessen Buhlschaft sie einst gebar
Die heil'ge Dreieinigkeitsfabel.

Ein Kürschner bemerkte dagegen: die Drei
Sei eine fromme Trulle,
Verehrt von unsern Vätern, die einst
Geglaubt an jede Schrulle.

Da war ein Schneider, der lächelnd sprach,
Daß gar nicht existiere
Die Nummer Drei, daß sie sich nur
Befinde auf dem Papiere.

Als solches hörte die arme Drei,
Wie eine verzweifelte Ente
Sie wackelte hin, sie wackelte her,
Sie jammerte und flennte:

Ich bin so alt wie das Meer und der Wald,
Wie die Stern', die am Himmel blinken;
Sah Reiche entstehn, Reiche vergehn
Und Völker aufsteigen und sinken.

Ich stand am schnurrenden Webstuhl der Zeit
Wohl manches lange Jahrtausend;

Ich sah der Natur in den schaffenden Bauch,
Das wogte brausend und sausend.

Und dennoch widerstand in dem Sturm
Der sinnlich dunkeln Gewalten –
Ich habe meine Jungferschaft
In all dem Spektakel behalten.

Was hilft mir meine Tugend jetzt?
Mich höhnen Weise und Toren;
Die Welt ist schlecht und ungerecht,
Läßt niemand ungeschoren.

Doch tröste dich, mein Herz, dir blieb
Dein Lieben, Hoffen, Glauben,
Auch guter Kaffee und ein Schlückchen Rum,
Das kann keine Skepsis mir rauben.

Unbekannter Verfasser

Guten Hut!

Vorigen Handschuh verlor ich meinen Herbst,
Da ging ich drei Tage finden,
Eh' ich ihn suchte. Da kam ich an ein Guck
Und lochte hinein.
Da saßen drei Stühle auf drei Herren,
Die aßen Kaffee und tranken Kuchen.
Da nahm ich meinen Tag ab
Und sagte: »Guten Hut, meine Herrn!«
Und da bauchten sie,
Daß ihnen der Lach platzte.
Da gab ich ihnen drei Lagen Strümpfe
Und sagte, sie sollten mir Garn stricken.
Da ging ich weiter und kam an einen See.
Da standen drei funkelnagelneue Schiffe.
Das erste war durchlöchert,
Das zweite hatte keinen Boden,
Und das dritte war gar nicht da.
Da stieg ich in das, das gar nicht da war,
Und fuhr ans jenseitige Ufer.
Da kam ich an eine steinerne Kirche,
Die aus Holz erbaut war.
Drin predigte ein blaupapierner Pfarrer folgendermaßen:
Als einst die Weser brannte
Und die tollen Hunde kein Stroh zum Löschen fanden,
Kam eine Bauersfrau auf einem ungesalzenen Kloß Butter dahergeritten
Und stieg auf einen Maulbeerbaum
Und pflückte sich die Taschen voll Äpfel.

Und als sie sich die Taschen voll Birnen gepflückt hatte,
Stieg sie von dem Zwetschgenbaum.
Da rief ihr der Bauer des nächsten Dorfes zu,
Dem der Flachs gehörte:
»Hennes, gehst aus meinen Schoten!«
Da packte sie eiligst ihre Borstäpfel zusammen
Und lief von dannen.

Gottfried Keller

Die Aufgeregten

Welche tief bewegten Lebensläufchen,
Welche Leidenschaft, welch' wilder Schmerz!
Eine Bachwelle und ein Sandhäufchen
Brachen an einander sich das Herz!

Eine Biene summte hohl und stieß
Ihren Stachel in ein Rosendüftchen,
Und ein holder Schmetterling zerriß
Den azurnen Frack im Sturm der Maienlüftchen!

In ein Tröpflein Tau am Butterblümchen
Stürzt' sich eine kleine Käferfrau,
Und die Blume schloß ihr Heiligtümchen
Sterbend über dem verspritzten Tau!

Arno Holz

Der Mond

Und so will der Mond mir scheinen
eine Spinne ganz aus Gold,
die mit eingezognen Beinen
durch den Weltraum rollt.

Schmakaduhtzgen, Schilf und Rohr
schwanken um das Unkenmoor ...
... lächelnd drin die süße
Luna ihre Silberfüße!

Steil am Wegrand starrt die Pappel,
leise macht sie Tippeltappel,
leise, wo die Frösche quaken,
spannt der Mond sein weißes Laken.

Wo die Nebelfrauen spinnen,
spannt er bloß sein weißes Linnen.
Durch die Nacht hin, weich und mailich,
spreitet er sogar sein Lailich!

An deine Seele rührt ein Hauch,
zitternd entsandt vom weißen Fliederstrauch;
teils von hinten, teils von vorn,
bläst der Mond sein Silberhorn.
Die Hexe kuckt aus ihrem Haus,
ein ungemaltes Bild von Knaus.
Die Alte winkt und lächelt arg,
Der Mond schwimmt wie ein Silbersarg.

Reimst du Tohu auf Wabohu,
ists ein Bild von Gerhard Dou;
zauberst du statt Haus Spelunke,
schwimmt der Halbmond eine Dschunke.

Oft, aufgehängt an einer Schnur,
ganz deutlich eine Tombakuhr,
den i-Punkt über eine Pappel
und, ist man ganz und gar im Rappel,
die Glatze eines Totenschädels,
den Hintern seines liebsten Mädels –
was man doch alles in dir sieht,
du Rotationsellipsoid!

Der Mond als dies, der Mond als das,
der Mond als neuer Berg Parnaß,
der Mond als himmlisches Trumpf-As,
der Mond bald blink, der Mond bald blaß,
der Mond als runde Zähre!
Der Mond als bleiche Kalkskulptur,
der Mond als silberne Tonsur,
der Mond als goldne Kugeluhr,
der Mond als nichts wie Kieselgur,
erkläre mir, Graf Örindur,
dies blanke Wunder der Natur,
gleich ob in Moll, gleich ob in Dur,
erkläre mir, erkläre!

Christian Morgenstern

Die Trichter

Zwei Trichter wandeln durch die Nacht.
Durch ihres Rumpfs verengten Schacht
fließt weißes Mondlicht
still und heiter
auf ihren
Waldweg
u. s.
w.

Christian Morgenstern

Der Seufzer

Ein Seufzer lief Schliffschuh auf nächtlichem Eis
und träumte von Liebe und Freude.
Es war an dem Stadtwall, und schneeweiß
glänzten die Stadtwallgebäude.

Der Seufzer dacht' an ein Maidelein
und blieb erglühend stehen.
Da schmolz die Eisbahn unter ihm –
und er sank – und ward nimmer gesehen.

Christian Morgenstern

Der Lattenzaun

Es war einmal ein Lattenzaun,
mit Zwischenraum, hindurchzuschaun.

Ein Architekt, der dieses sah,
stand eines Abends plötzlich da –

und nahm den Zwischenraum heraus
und baute draus ein großes Haus.

Der Zaun indessen stand ganz dumm,
mit Latten ohne was herum,

Ein Anblick gräßlich und gemein.
Drum zog ihn der Senat auch ein.

Der Architekt jedoch entfloh
Nach Afri – od – Ameriko.

Alfred Lichtenstein

Die Dämmerung

Ein dicker Junge spielt mit einem Teich.
Der Wind hat sich in einem Baum gefangen.
Der Himmel sieht verbummelt aus und bleich,
Als wäre ihm die Schminke ausgegangen.

Auf lange Krücken schief herabgebückt
Und schwatzend kriechen auf dem Feld zwei Lahme.
Ein blonder Dichter wird vielleicht verrückt.
Ein Pferdchen stolpert über eine Dame.

An einem Fenster klebt ein fetter Mann.
Ein Jüngling will ein weiches Weib besuchen.
Ein grauer Clown zieht sich die Stiefel an.
Ein Kinderwagen schreit und Hunde fluchen.

Jakob van Hoddis

Postskriptum

Das Ur-Ich und die Ich-Idee
Gingen selbander im grünen Klee;
Die Ich-Idee fiel hin ins Gras,
Das Ur-Ich wurde vor Schreck ganz blaß.
Da sprach das Ur- zur Ich-Idee:
»Was wandelst du im grünen Klee?«
Da sprach die Ich-Idee zum Ur-:
»Ich wandle nur auf deiner Spur.« –
Da, Freunde, hub sich große Not:
Ich schlug mich gegenseitig tot.

Unbekannter Verfasser

Ick sitze hier und esse Klops

Ick sitze hier und esse Klops,
Uff eenmal kloppt's.
Ick kieke, staune, wundre mir,
Uff eenmal jeht se uff, die Tier.
Nanu, denk ick, ick denk, nanu,
Jetzt isse uff, erscht war se zu.
Ick jehe raus und blicke,
Und wer steht draußen? – Icke!

Joachim Ringelnatz

Bumerang

War einmal ein Bumerang;
War ein Weniges zu lang.
Bumerang flog ein Stück,
Aber kam nicht mehr zurück.
Publikum – noch stundenlang –
Wartete auf Bumerang.

Joachim Ringelnatz

Logik

Die Nacht war kalt und sternenklar,
Da trieb im Meer bei Norderney
Ein Suahelischnurrbarthaar. –
Die nächste Schiffsuhr wies auf drei.

Mir scheint da mancherlei nicht klar,
Man fragt doch, wenn man Logik hat,
Was sucht ein Suahelihaar
Denn nachts um drei am Kattegatt?

Unbekannter Verfasser

Dunkel war's, der Mond schien helle

Dunkel war's, der Mond schien helle,
Schnee lag auf der grünen Flur,
als ein Wagen blitzesschnelle
langsam um die Ecke fuhr.
Drinnen saßen stehend Leute,
schweigend ins Gespräch vertieft,
als ein totgeschossner Hase
auf der Sandbank Schlittschuh lief.

Auf einer roten Bank,
die blau angestrichen war,
saß ein blondgelockter Jüngling
mit kohlrabenschwarzem Haar.
Neben ihm 'ne alte Schrulle,
die kaum erst sechzehn war.
Diese aß 'ne Butterstulle,
die mit Schmalz bestrichen war.

Droben auf dem Apfelbaume,
der sehr süße Birnen trug,
hing des Frühlings letzte Pflaume
und an Nüssen noch genug.

Eine Kuh, die saß im Schwalbennest
mit sieben jungen Ziegen,
die feierten ihr Jubelfest
und fingen an zu fliegen.
Der Esel zog Pantoffeln an,

ist übers Haus geflogen,
und wenn das nicht die Wahrheit ist,
so ist es doch gelogen.

Unbekannter Verfasser

Des Abends, wenn ich früh aufsteh

Des Abends, wenn ich früh aufsteh,
des Morgens, wenn ich zu Bette geh,
dann krähen die Hühner, dann gackert der Hahn,
dann fängt das Korn zu dreschen an,
die Magd, die steckt den Ofen ins Feuer,
die Frau, die schlägt drei Suppen in die Eier,
der Knecht, der kehrt mit der Stube den Besen,
da sitzen die Erbsen, die Kinder zu lesen.
O weh, wie sind mir die Stiefel geschwollen,
daß sie nicht in die Füße nein wollen.
Nimm drei Pfund Stiefel und schmiere das Fett
und stelle mir vor die Stiefel das Bett.

Unbekannter Verfasser

Lügenschnaderhüpfl

Han Erdäpfel *droschn*,
Han Haslnuß *g'mabt*,
Han's Rüahrmili *g'spunna*:
Han's sauba *vadrabt*.

Klabund

Mystik

Ich gehe langsam durch die Stadt
Zum Ein- bis Zweifamilienbad.
Schon hebt sich aus der weißen Flut
Ein brauner Bauch, der trübe tut.
Der Bauch tut nichts. Je nun: ich weiß:
Die andre Seite ist der Steiß.
Ein jedes erntet hier sein Heil
Vom Gegen-Teil. Im Gegen-Teil.

Erich Mühsam

Die Ahnung

Ich trank meinen Morgenkaffee und ahnte nichts Böses.
Es klingelte. Ich ahnte noch immer nichts Böses.
Der Briefträger brachte mir ein Schreiben.
Nichts Böses ahnend, öffnete ich es.
Es stand nichts Böses darin.
Ha! rief ich aus. Meine Ahnung hat mich nicht betrogen.

Karl Valentin

Rezept zum russischen Salat

I.

Drei Pfund Rindfleisch hackt man klein,
Tut das in ein' Hafen h'nein,
Etwas Pfeffer, etwas Salz,
Dazu einen Löffel Schmalz.
Drei Zitronen, ohne Kern' –
Den Geschmack, den hat man gern –
Kalte Soß vom Rehragout
Schüttet man dem Ganzen zu.
– Auch Leberkäs' und Honig,
Sardinen und Spinat,
Gefärbte Eierschalen
Mit Mandelschokolad'.
Auch Paprika und Erdbeer',
Zwei Liter Lebertran,
Drei Pfund gesott'ne Erbsen
Vermischt mit Marzipan.
– Schweizerpill'n und Sauerkraut,
Zungenwurst mitsamt der Haut,
Naphthalin und Wagenschmier',
Feingeschnitt'nes Glaspapier,
Ananas und Karfiol,
Bismarckhering und Odol,
Essiggurken, Fliegenleim,
Das kommt alles mit hinein.
Und dazu noch Blutorangen und Zibeb'n
Müssen obendrein noch das Aroma heb'n.

Makkaroni, g'schnitt'ne Nudeln, kalten Brat'n,
Lüneburger, Kokusnüss' und Schwartenmag'n.

II.

Ist nun alles das dabei,
Fehlt es noch an mancherlei.
Lorbeerblätter und Zwieback,
Die erhöhen den Geschmack;
Kletzenbrot und Glyzerin,
Zwetschgenmus und Terpentin,
Kandiszucker und Forell'n
Dürfen auch dabei nicht fehl'n.
– Auch Malzkaffee und Rollmops,
Zichorie und Zement'
A Messerspitz' voll Streusand,
Gewiß nicht schaden könnt'.
Bananen, Aprikosen
Nebst Himbeerlimonad',
Dazu 'nen kleinen Löffel
Voll Messerputzpomad.
– Schnupftabak und Stachelbeer'
Gelbe Rüben, Kirschlikör,
Eierkognak, Nelken, Zimt
Man auch zu der Sache nimmt.
Kaviar und Cervelat,
Birn- und Pflaumenmarmelad',
Noch dazu zwei Flaschen Sekt'
Das erfordert das Rezept.
Heu und Stroh, auch Hafnerlehm und Bügelkohl'n
Und ein Paar ganz fein geschnitt'ne Hausschuhsohl'n,

Harte Semmelbrocken, eingeweicht in Teer,
Das ist noch nicht alles, 's kommt schon noch viel mehr.

III.

Hetschebetsch und Parmesan,
Bauerng'selcht's und saurer Rahm,
G'sundheitskuchen, Petersiel,
'ner zerhackter Besenstiel,
Zwiebelzelt'ln, Kreosot,
Zigarrenstumpen und Kompott,
Ziegelsteine, pulv'risiert,
Werden mit hineingerührt;
Rebhühner und Fasanen,
Auch Fensterkitt und Gips,
Zwei ganze Faschingskrapfen,
Garniert mit Stiefelwichs,
Leoniwurst und Bleiweiß,
Parkettbod'nwachs und Reis
Ölfarb' und Anguilotti,
Zwei junge, weiße Mäus',
Sauerkraut und Sellerie,
Rettich und Fromage de Brie,
Knoblauch, Spargel und Stearin,
Weichselsaft und Zacherlin,
Kaisertinte, Schusterpapp,
Apfelmus und Salmiak,
Auch Briketts und Anthrazit,
Platzpatronen, Dynamit.
Ist dann alles drinn, was ich soeb'n diktiert,
Wird das Ganze mit dem Löffel umgerührt,

Glauben Sie sicher, es schmeckt wirklich delikat.
Sehn Sie, so entsteht der *russische Salat.*

Karl Valentin

Blödsinn-Verse

Die Herrschaften verzeihen, sollt' ich hier oben stör'n,
Sie können jetzt von mir einmal
An großen Blödsinn hör'n.
Soll's Ihnen nicht gefallen,
Da liegt mir gar nichts dran,
Ich bitt' schön, hören Sie mir zu,
Nun geht der Unsinn an.

Es ist doch kaum zu glauben,
Was kürzlich erst passiert,
Ein Baumeister der hat sich da
Ganz fürchterlich blamiert,
Denn als der Bau beendet,
Er voll Entsetzen ruft:
Wir hab'n ja kein Parterr' gebaut,
Nun hängt's Haus in der Luft.

Erst kürzlich fuhr ein Auto,
Ganz leer an mir vorbei
Und daß das übel riechen tut,
Das war mir nicht mehr neu.
Denn dieser Autoführer,
Das ist doch kein Gebahrn,
Trotzdem daß niemand drinnen saß,
Ließ er doch einen fahr'n.

Ein Meister sagt zum Lehrbub',
Besorg' mir einen Gang,

Und schneide nur den Weg recht ab,
Dann brauchst Du nicht so lang.
Der Lehrbub' bleibt dumm stehen
Und schaut den Meister an
Und sagt geh' geb'ns mir d' Scher' mit,
Daß ich'n Weg »abschneiden kann«.

Es gibt noch dumme Leute,
Behaupte ich genau.
Einen Operngucker kaufte sich
Erst kürzlich eine Frau.
Sie schaut hinein in Gucker
Und sagt, das ist gemein,
Da is ja gar kei' Oper drin,
Das muß a Schwind'l sein.

Paul von Schönthan

Widersprüche

Manchmal sieht einen
die eigene Kusine unverwandt an.

Wenn man auf Kohlen sitzt,
kann man erst recht nicht warm werden.

Schlecht behütete Mädchen
tragen oft sehr gute Hüte.

James Krüss

Ein Junge namens Monika

Ein Junge namens Monika,
Ein Kind von vierzig Jahren,
Das hatte einen kahlen Kopf
Mit glatten Kräuselhaaren.

Es rannte ohne Unterlaß.
Kein Schneckenkind lief schneller.
Es hatte Augen blau wie Gras
Und Ohren klein wie Teller.

Sein runder Bauch war wie ein Brett
Und hohl sein Plusterbäckchen.
Sein großer Bruder, die Babett,
Trug meterlange Söckchen.

Sein Wetterfrosch hieß Miezemaus.
Piepvogel hieß sein Hündchen.
Und seine dicke Nachbarsfrau
Wog elfeinviertel Pfündchen.

Im Unterricht war dieses Kind
So dämlich wie sonst keins;
Drum gab ihm Lehrer Lausegrind
Tagtäglich eine Eins.

Es hatte Dreck und Speck im Haar;
Denn es war äußerst reinlich.
Kurzum: Das ganze Kindchen war
Ein bißchen unwahrscheinlich.

James Krüss

Die Welt zuunterst – zuoberst

Wenn man Kirchen baut auf dem Meeresgrund
Und drei mal vier ist neun,
Wenn der Falter spielt mit der Biene und
Mit dem Tintenfisch das Schwein,
Wenn das Pony auf seinen Reiter hopst,
Wenn die Blumen fressen die Kuh,
Wenn die Maus der Katze den Milchbrei mopst
Und der Kater schaut dabei zu,
Wenn Mutter gibt unser Baby her,
Noch dazu für wenig Geld,
Wenn ein feiner Herr eine Dame wär,
Wär zuunterst-zuoberst die Welt.
Doch wenn solche Wunder geschehen,
Zu Land, in der Luft, auf dem Meer,
Dann könnte ich sie verstehen,
Weil ich innerhalb-außerhalb wär.

Georg Kreisler

Mondlandschaft

Wache Molche suchen leise
nach dem Netz der Müdigkeit.
Weiche Dolche fluchen weise.
Eine Birke steht allein in ihrem Leid.

Kuttenmönche ohne Schatten
schleppen Feigen durch den Schnee.
Die ihn mit Zitrone hatten,
wiederkäuen ihren gestrigen Tee.

Eine Kuh und eine Hexe
warten bis der Acker stirbt.
Krähen machen weiße Kleckse.
Hört ihr, wie die mürbe Semmel zirpt?

Günter Bruno Fuchs

aus: Behauptungen

Es gibt einen Omnibus,
der fährt täglich
von Hänsel nach Gretel.
Es gibt einen Schaffner,
der jede Hexe gratis mitfahren läßt.
Nach Feierabend
macht er halbe-halbe
mit den Gebrüdern Grimm.

Peter Hacks

Der Trödelladen des Herrn Pätes

Im fünften Hof, in einem Berg
Verstaubten Hausgerätes,
Da wohnt ein wunderlicher Zwerg,
Der Trödler Adam Pätes.
Der hatte nur Verdrehtes.

Er hatte eine große Uhr,
Die konnte leise gehen.
Sie ließ sich manchmal auf dem Flur
Auf hohen, spitzen Zehen
Beim Leisegehen sehen.

Und weil die Uhr auch schlagen tät,
Bekamen einst zwei Diebe
Von ihr, es war grad zwölfe spät,
Mit rasselndem Getriebe
Zwölf fürchterliche Hiebe.

Ein Rabe saß auf einem Thron,
So grau wie die Geschichte.
Der kannte noch Napoleon
Und schrieb bei Kerzenlichte
Erlogene Berichte.

Die Tarnkappe, wie jeder glaubt,
Hätt eine Menge Kunden.
Man stülpte sie aufs Marmorhaupt
Von Kunibert dem Runden.
Sie sind leider verschwunden.

Ein Goldfisch schwamm auf einem Tisch
In einer Goldfischvase.
Der Kopf aus Gold, der Schwanz aus Fisch.
Der Tisch aus weißem Glase.
Aus Ebenholz die Vase.

Und gäbs ein Ding, recht rar und knapp,
Ein nirgends sonst erspähtes,
Das du nicht hast und ich nicht hab:
Beim Trödler Adam Pätes,
Da steht es.

Hans Arp

Opus Null

1

Ich bin der große Derdiedas
das rigorose Regiment
der Ozonstengel prima Qua
der anonyme Einprozent.

Das P. P. Tit. und auch die Po
Posaune ohne Mund und Loch
das große Herkulesgeschirr
der linke Fuß vom rechten Koch.

Ich bin der lange Lebenslang
der zwölfte Sinn im Eierstock
der insgesamte Augustin
im lichten Cellulosenrock.

2

Er zieht aus seinem schwarzen Sarg
um Sarg um Sarg um Sarg hervor.
Er weint mit seinem Vorderteil
und wickelt sich in Trauerflor.

Halb Zauberer halb Dirigent
taktiert er ohne Alpenstock
sein grünes Ziffernblatt am Hut
und fällt von seinem Kutscherbock.

Dabei stößt er den Ghettofisch
von der meublierten Staffelei.
Sein langer Würfelstrumpf zerreißt
zweimal entzwei dreimal entdrei.

3

Er sitzt mit sich in einem Kreis.
Der Kreis sitzt mit dem eignen Leib.
Ein Sack mit einem Kamm der steht
dient ihm als Sofa und als Weib.

Der eigne Leib der eigne Sack.
Der Vonvon und die linke Haut.
Und tick und tack und tipp und topp
der eigne Leib fällt aus der Braut.

Er schwingt als Pfund aus seinem Stein
die eigne Braut im eignen Sack.
Der eigne Leib im eignen Kreis
fällt nackt als Sofa aus dem Frack.

4

Mit seiner Dampfmaschine treibt
er Hut um Hut aus seinem Hut
und stellt sie auf in Ringelreihn
wie man es mit Soldaten tut.

Dann grüßt er sie mit seinem Hut
der dreimal grüßt mit einem du.

Das traute sie vom Kakasie
ersetzt er durch das Kakadu.

Er sieht sie nicht und grüßt sie doch
er sie mit sich und läuft um sich.
Die Hüte inbegriffen sind
und deckt den Deckel ab vom Ich.

Hans Arp

Schneethlehem

1

Herr Je das Nichts ist bodenlos.
Frau Je das Nichts ist unmöbliert.
Da nützt euch auch kein Kreuzbesteck
mit dem ihr fleißig exerziert.

Herr Je Frau Je Frau Je Herr Je
gleich beißt das Nichts euch in den Bauch
verschluckt euch samt dem Kreuzbesteck
und speit euch aus als Ruß und Rauch.

2

Charybdis bybdis Zwiebelbiß
das Standbild geht im Kreis herum
das Heroldseuter in der Hand
und fällt von seinem Podium.

Die Schwindelschraube schraubt sich fest
und schraubt die Windsbraut an den Wind.
Es kracht der große Ehrenast
und tötet Jubelgreis und -kind.

3

Das Schnee- und Hagelwittchen fällt
wie Fallsucht und von Fall zu Fall.

Es fällt weil es gefällig ist
und jedesmal mit lautem Knall.

Es fällt in seinen Todesfall
das Haar mit Fallobst dekoriert.
Den Fallschirm hat es aufgespannt.
Die Todesclaque applaudiert.

4

In seinem Höcker wächst ein Ei.
Er grüßt mit seinem Zinnenhut
aus Elfenbein und Nymphenbein
und Ranken ranken ihm im Blut.

Bald ist er innen zugerankt
und nur das Ei ist froh und dick.
Er drückt sein Sitzfleisch in den Topf
und zieht an einem Legestrick.

Otto Heinrich Kühner

Der Azteke

Ein etwa zwanzigjähriger Azteke
Kam neulich in eine Apotheke
Und verlangte zehn Schachteln Veronal.
Der Apotheker fand das höchst anomal,
Denn nach dem Wissen, das er erworben,
Waren die Azteken bereits ausgestorben.
Er gab auch deshalb aus dieser Sicht
Dem Azteken das Gewünschte nicht.

Otto Heinrich Kühner

Trainingsrad

Pummerer, auf Anraten eines Kollegen,
Fährt jeden Morgen (gleich nach dem Bad)
Seines labilen Kreislaufs wegen
Im Schlafzimmer auf einem Trainingsrad.
Zwar besitzt es *Steigung* und *Gefälle*,
Auch *Gänge* für jede Situation,
Aber man tritt nur auf der Stelle,
Und so war's auf die Dauer sehr monoton.
Doch dann erfand Pummerer eine Methode
(Und sie bewährte sich seither hundertfach):
Er stellte neben sich auf die Kommode
Ein Notenheft von Johann Sebastian Bach
Und fährt – im zweiten oder dritten Gang –
Den Bach entlang.

Oskar Pastior

Die Sonne sticht wir haben was im Anzug

Die Sonne sticht wir haben was im Anzug
stöhnt auf der Trambuline Tante Tuba
zwei Tauben tragen ein Geselchtes übers Wehr
und auf dem Schwimmschuldach wächst Hafer

zwei Sonntagskinder stemmen heiße Hanteln
die Panik wächst Endymion schlüpft ins Wehr
wir haben was im Anzug meint der schlimme Oberst
und Tante Tuba sticht am Knie der Hafer

zwei Tauben tragen einen weißen Kefir
hoch übers Schwimmschuldach zur Trambuline
zwei schwarze Hanteln turnen mit den Kindern
Endymion stöhnt wir haben Tante Tuba

Oskar Pastior

Sandsieb

Lisas Walfisch mag Anis lila – mit Zimt.
Karli kippt Riechsalz ins Bad,
Larifari mag Sisal nicht –
kann Garibaldi im Zickzack?
Liszt spielt mit Ali Baba Klavier.
Nie ist Bali frisch in Lima.
Hier sind vier Kiwis – prima, prima!
Iltis piepst, niest, rast; ist Statistik Mist?
Prisma kriegt Lichtjahr spitz,
Mistral ist garstig ...
Achtmal biß Bambi in Granit. Ha –
Aspirin hat Schaschlik im Haar! Tritt Billy
in Paprika, hat Minna Manna am Kinn.
Was kann Niagara nicht? Mississippi!
Tapir kapiert. Max im Taxi schwitzt:
Atlas liegt schief – Gibraltar
flitzt garantiert bis nach Pisa!
Ja, Waikiki hat Balalaika im Sinn.
Riga schnieft – ist Pamir intakt?
Nie im Schlaf war Kanada in Wien.
Dann gibt Fiat Gas, Achim ist fix,
Birgit ritzt Gips, dann Rips, dann Grips,
Dana will Bami, Milba spielt Ringsal,
Ritschratsch killt Mimikry –
das klappt nie!

Günter Bruno Fuchs

Pennergesang

für Manfred Bieler

1

Kneipe,
mein dicker Lumpensammler, schöner Morgen,
der uns umhüllt mit schnapsgetränkten Klamotten,
du weißt, elendes Loch, wir sind
ein Planschbecken für Krebse und hungrige Möwen,
eine Schlafstelle für den Gesang des Hafenarbeiters:
Freu dich, Fritzchen, morgen gibt's Selleriesalat! –
eine Handvoll Baumblätter,
wir treiben
am Denkmal des großen Straßenkehrers vorbei,
ein Wurf salutierender Katzen,
wenn zwischen Ober- und Untergebiss
der Alkohol seine stinkende Fahne entrollt.

2

Her mit dem Handwerkszeug!
Die Pulle macht einen Sonntag froh! Kneipe, rostiger
Spiegel, zeig uns die Fratzen deiner Kumpanen!
Wer dir am besten gefällt, wirft heute den Fußboden an:
Paß auf, die Luftschaukel nimmt ihre höflichsten
Diebe an Bord: Jetzt wird der Himmel erleichtert,
sachte von innen nach außen gekehrt.
Alarm, Ritter der Funkwagenstreife, Alarm!
Pralldicke Taschen voll geklauter Stunden, juckt uns

der weltbewegende Fang: Das Weib hinter der Theke
kann höchstens zwanzig Jahre alt sein! Wir sitzen
auf quietschenden Stühlen, wir dampfen schon ab
mit 'ner Ladung Bettgeschichten frei Haus.

3

In den morgendlichen Kneipen
fällt der Tag über uns her, der wacklige Stehaufmann.
Wenn er zu sprechen beginnt,
schöne alberne Sätze mit Worten aus Hü und Hott,
stellt er draußen die Pferdewagen bereit:
Taxis für Nullkommanichts, Brautkutschen
von Ost nach West, von Bier nach Schnaps –
Klärchens alte Kaschemme auf Rädern.
Wir fahren durch den Tunnel, der uns fressen will.
Kommt näher, Grenzpolizisten, packt euch beim Kragen,
kommt näher im Gänsemarsch! Die Pißbudenväter
schenken euch allen ein Autogramm.
Bitte nicht drängeln!

4

Hier sind wir, blakendes Licht! Unsre werte
Faulenzerei legt sich nieder aufs Stempelkissen –
nach getaner Arbeit, Rücken an Rücken mit uns,
hört sie im Schlaf das Kommando der Aktenzeichen,
unsre Namen werden gebündelt, der vaterländische
Tintenkuli erläßt einen Tagesbefehl!
Kneipe, hier sind wir, lungernde Nacht –
ein verstaubter Satz heiliger Affen –
unser Gelübde, das Maul zu halten, Auge und Ohr

nicht sehen und hören zu lassen:
wir haben alles an deinen Nagel gehängt.
Gib uns ein Stückchen Brot, wir werden essen,
gib uns ein Paar Rabenflügel, wir sagen Adieu! –
gib uns den großen doppelstöckigen Furz,
damit wir antworten können, wie sich's gehört.

Günter Bruno Fuchs

Zwei kleine Trinkerlein

Zwei kleine Trinkerlein
die tranken wie für zwei –
sie tranken sich ins Himmelbett,
da waren's nur noch drei.
Drei kleine Trinkerlein
die sah man trinken gehen –
sie schliefen in den Gläsern ein,
da waren's nur noch zehn.

Andreas Okopenko

Zählwerksperre

(Huldigung an die Datenverarbeiter von Remington)

Zehn kleine Negerlein
wollten tanzen gehn.
Dem einen fiel der Takt nicht ein,
da warens nur noch zehn.

Zehn kleine Negerlein
bestaunten die Loren,
sie aber sagte allen »nein«,
da warens nur noch zehn.

Zehn kleine Negerlein
verheizten Äthylen,
doch war das Äthylen nicht rein,
da warens nur noch zehn.

Zehn kleine Negerlein
ließen sich verwehn,
doch nahm der Wind nur Zehnerreihn,
da warens nur noch zehn.

Zehn kleine Negerlein
verfolgten Krähn im Stehn,
doch einer folgte querfeldein,
da warens nur noch zehn.

Zehn kleine Negerlein
verlegten sich aufs Flehn,
doch einen warf man in den Wein,
da warens nur noch zehn.

Zehn kleine Negerlein
bekletterten ein Ren.
Den einen schoß das Jägerlein,
da warens nur noch zehn.

Zehn kleine Negerlein
fanden sich tu kleen,
der Kleinste nahm drum Ginseng ein,
da warens nur noch zehn.

Zehn kleine Negerlein
verliebten sich in Feen.
Der eine schwoll zum Stachelschwein,
da warens nur noch zehn.

Zehn kleine Negerlein
im Kurs »Do it yourself«
zerklopften sich das Fußballbein,
da warens nur noch elf.

Nicolaus von Bostel

Schertz-Gedichte

Ich war / ich weiß nicht / wo / mir war / ich weiß nicht / wie /
Es war / ich weiß nicht / wann /
Es juckt' und krimte mir bald dort / bald da / bald hie /
Und kam mir etwas an /
Das mich in Unruh setzte /
Betrübte und ergötzte /
Ergötzte und entzückte /
Entzückte und berückte;
Ich traumte stets und wachte /
Ich seufftzte stets und lachte /
Ich ginge stets und dachte:
Ich dachte wie ichs machte /
Und wie ichs also machte /
So träumte und so lachte /
Da wolt ich mich besinnen /
Und dis und das beginnen /
Und immer etwas sagen /
Und immer etwas wagen;
Das Sagen und das Wagen /
Das waren meine Plagen /
Wie ich mich nun besann /
Da juckt' und schmertzte mirs bald dort / bald da / bald hie /
Ich war / ich weiß nicht / wo / mir war / ich weiß nicht / wie /
Es war / ich weiß nicht / wann.

Unbekannter Verfasser

Wenn aber!

»Wenn de Pott äwer nu 'n Lock het,
min leiwer Heinrich, min leiwer Heinrich?«
»Stopp et to, min leiwe, leiwe Lise,
min leiwe Lise, stopp et to!«

»Womit sall ick't denn nu äwer tostoppen,
leiwer Heinrich, leiwer Heinrich?«
»Nimm Stroh, min leiwe, leiwe Lise,
min leiwe Lise, nimm Stroh!«

»Wenn dat Stroh äwer nu to lang is,
leiwer Heinrich, leiwer Heinrich?«
»Hau et aw, min leiwe, leiwe Lise,
min leiwe Lise, hau et aw!«

»Womit sall ick dat denn äwer awhaugen,
leiwer Heinrich, leiwer Heinrich?«
»Nimm det Beil, min leiwe, leiwe Lise,
min leiwe Lise, nimm det Beil!«

»Wenn det Beil äwer nu to stump is,
leiwer Heinrich, leiwer Heinrich?«
»Denn möss't et schliepen, min leiwe, leiwe Lise,
min leiwe Lise, denn möss't et schliepen!«

»Wo upp sall ick dat denn äwer schliepen,
leiwer Heinrich, leiwer Heinrich?«
»Nimm'n Stein, min leiwe, leiwe Lise,
min leiwe Lise, nimm'n Stein!«

»Wenn de Stein äwer nu to drög is,
leiwer Heinrich, leiwer Heinrich?«
»Mak en natt, min leiwe, leiwe Lise,
min leiwe Lise, mak en natt!«

»Womit sall ick 'n denn äwer natt maken,
leiwer Heinrich, leiwer Heinrich?«
»Haal Water, min leiwe, leiwe Lise,
min leiwe Lise, haal Water!«

»Woin sall ick denn dat Water haalen,
leiwer Heinrich, leiwer Heinrich?«
»Nimm den Pott, min leiwe, leiwe Lise,
min leiwe Lise, nimm den Pott!«

»Wenn de Pott äwer nu 'n Lock het,
min leiwer Heinrich, min leiwer Heinrich?«
»Stopp et to, min leiwe, leiwe Lise,
min leiwe Lise, stopp et to!«

Karlhans Frank

Natürliches Kreislaufgedicht

Die Wolke zieht die Mütze.
»Tag«, sagt sie zur Kuhle,
»jetzt mach ich dich zur Pfütze.«

Die Sonne geht zur Schule.
Es blinkt ihr zu die Pfütze:
»Ach, Sonne, liebe Sonne,
mach aus mir eine Kuhle.«

»Das tu ich doch mit Wonne
und meinem Tuch so fein«,
antwortet hell die Sonne
und wischt die Kuhle rein.

Das Tuch wird naß und grau,
die Sonne blaß – doch schlau
hängt sie ihr Tuch geschwind
zum Trocknen in den Wind,
hängt's in des Himmels Blau,
wo es als Wolke zieht –
als Wolke zieht die Mütze.

Die Wolke zieht die Mütze.
»Tag«, sagt sie zur Kuhle,
»jetzt mach ich dich zur Pfütze ...«

Unbekannter Verfasser

Das Lied vom Jockel

Der Herr der schickt den Jockel aus,
er soll den Hafer schneiden.
Der Jockel schneidt den Hafer nicht
und kommt auch nicht nach Haus.

Da schickt der Herr den Pudel aus,
er soll den Jockel beißen.
Der Pudel beißt den Jockel nicht,
der Jockel schneidt den Hafer nicht
und kommt auch nicht nach Haus.

Da schickt der Herr den Prügel aus,
er soll den Pudel schlagen.
Der Prügel schlägt den Pudel nicht,
der Pudel beißt den Jockel nicht,
der Jockel schneidt den Hafer nicht
und kommt auch nicht nach Haus.

Da schickt der Herr das Feuer aus,
es soll den Prügel brennen.
Das Feuer brennt den Prügel nicht,
der Prügel schlägt den Pudel nicht,
der Pudel beißt den Jockel nicht,
der Jockel schneidt den Hafer nicht
und kommt auch nicht nach Haus.

Da schickt der Herr das Wasser aus,
es soll das Feuer löschen.
Das Wasser löscht das Feuer nicht,

das Feuer brennt den Prügel nicht,
der Prügel schlägt den Pudel nicht,
der Pudel beißt den Jockel nicht,
der Jockel schneidt den Hafer nicht
und kommt auch nicht nach Haus.

Da schickt der Herr den Ochsen aus,
er soll das Wasser saufen.
Der Ochse säuft das Wasser nicht,
das Wasser löscht das Feuer nicht,
das Feuer brennt den Prügel nicht,
der Prügel schlägt den Pudel nicht,
der Pudel beißt den Jockel nicht,
der Jockel schneidt den Hafer nicht
und kommt auch nicht nach Haus.

Da schickt der Herr den Schlächter aus,
er soll den Ochsen schlachten.
Der Schlächter schlacht den Ochsen nicht,
der Ochse säuft das Wasser nicht,
das Wasser löscht das Feuer nicht,
das Feuer brennt den Prügel nicht,
der Prügel schlägt den Pudel nicht,
der Pudel beißt den Jockel nicht,
der Jockel schneidt den Hafer nicht
und kommt auch nicht nach Haus.

Da schickt der Herr den Henker aus,
er soll den Schlächter hängen.
Der Henker hängt den Schlächter nicht,
der Schlächter schlacht den Ochsen nicht,
der Ochse säuft das Wasser nicht,

das Wasser löscht das Feuer nicht,
das Feuer brennt den Prügel nicht,
der Prügel schlägt den Pudel nicht,
der Pudel beißt den Jockel nicht,
der Jockel schneidt den Hafer nicht
und kommt auch nicht nach Haus.

Da schickt der Herr den Teufel aus,
er soll den Henker holen.
Der Teufel holt den Henker nicht,
der Henker hängt den Schlächter nicht,
der Schlächter schlacht den Ochsen nicht,
der Ochse säuft das Wasser nicht,
das Wasser löscht das Feuer nicht,
das Feuer brennt den Prügel nicht,
der Prügel schlägt den Pudel nicht,
der Pudel beißt den Jockel nicht,
der Jockel schneidt den Hafer nicht
und kommt auch nicht nach Haus.

Da geht der Herr nun selbst hinaus
und macht gar bald ein End daraus.
Der Teufel holt den Henker nun,
der Henker hängt den Schlächter nun,
der Schlächter schlacht den Ochsen nun,
der Ochse säuft das Wasser nun,
das Wasser löscht das Feuer nun,
das Feuer brennt den Prügel nun,
der Prügel schlägt den Pudel nun,
der Pudel beißt den Jockel nun,
der Jockel schneidt den Hafer nun
und kommt auch gleich nach Haus.

Unbekannter Verfasser

Ein Hund lief in die Küche

Ein Hund lief in die Küche
und stahl dem Koch ein Ei.
Da nahm der Koch den Löffel
Und schlug den Hund zu Brei.

Da kamen alle Hunde
und gruben ihm ein Grab,
und setzten ihm ein Grabstein,
auf dem geschrieben stand:

Ein Hund lief in die Küche
und stahl dem Koch ein Ei.
Da nahm der Koch den Löffel
Und schlug den Hund zu Brei.

Da kamen alle Hunde
und gruben ihm ein Grab,
und setzten ihm ein Grabstein,
auf dem geschrieben stand:

Ein Hund lief in die Küche
und stahl dem Koch ein Ei …

Hildegard Wohlgemuth

Drei Damen gehen in eine Konditorei

Die erste hat großen Hunger auf einen
Mohrenkopf.
Sie pickt in die Sahne.
Die zweite leckt Eis.
Ihre Zunge friert.
Die dritte rührt in der Tasse.
Der Zucker schmeckt.
Zum Schluß trinken sie Likör,
purzeln die Steige hinunter
und drehen diesen Bericht:

Drei Konditoreien gehen in eine Dame.
Die erste hat einen großen Mohrenkopf
auf Hunger.
Sie sahnt in die Picke.
Die zweite eist Leck.
Ihre Friere zungt.
Die dritte taßt in der Rühre.
Der Schmecker zuckt.
Zum Likör trinken sie Schluß,
steigen die Purzel hinunter
und berichten diesen Dreh.

Spiele mit Sprache

Unbekannter Verfasser

Das Veilchen

Auf dem Berge, o wie kratzig,
Großer Baum gewachsen hat sich.
Is sich scheen von Angesicht.
Blimchen heißt: Vergißmeinnicht!
Iberschrift: der Veilchen.

Unbekannter Verfasser

Poetisches Menü

Suppe des Weines.
Salmo des Rheines.
Rippe des Rindes.
Beutel des Windes.
Rücken des Rehes.
Hühner des Schnees.
Werke des Backes.
Mandeln des Knackes.

Günter Bruno Fuchs

Ansprache des Küchenmeisters

Heute nehmen Sie teil am Bankett junger Riesen
bockwürste mit jenen alten Kameraden im Schlaf
rock die sofort mit der Rehkeule zuschlagen
wenn irgendein Ochsenschwanz über Kommißbrote
lästert
ferner nehmen Sie teil am Soupé der Strammen Mäxe
am Vorbeimarsch der Napoleonschnitten
am Rezitationsabend der Schillerlocken
am Bal paré der Windbeutel und Liebesknochen
später
bittet Sie
um eine Kleinigkeit
der arme falsche Hase
der die Tische abräumt und den Vorhang schließt.

Heinz Erhardt

Urlaub im Urwald

Ich geh im Urwald für mich hin ...
Wie schön, daß ich im Urwald bin:
Man kann hier noch so lange wandern,
ein Urbaum steht neben dem andern.
Und an den Bäumen, Blatt für Blatt
hängt Urlaub. Schön, daß man ihn hat!

Bazon Brock

Der gute Willi ist sein menschlich Himmelreich

Der gute Willi ist sein menschlich Himmelreich.
Nach schwarzem Freitag ist der Samstag blau.
Einsam wacht der Kohlenklau.
Rucke die Kuh, der Germanist wird bleich.

Otto Nebel

Fünfzig Irre unter neun Runen

(Nur fuer Unirre geeignet; einigen Freien zugeeignet.)

Fünfzig Irre treffen zu in einer reifen Runenfuge.
Nun tritt Eugen Neter ein
reuiger Eigennutz in Irrungen
trutzt unfrei: »Rettet euern feinen Eugen!«

Tritt Enriette Gutentrutz ein
gefeit gegen Reue
eifert nur gegen Teeterrinen.

Ter-Tegen tritt ein
Terenz in Gent
erntet nur Teer.

Tritt Reni Trettin ein
Triene zu Trier
freit nur fette Furiere.

Ginf Uru tritt ein
Ferge zu Rigi
rennt innig gegen Riffe.

Tritt Erni Neuntuter ein
Furie zu Fingerfing
feuert nur Enteneier.

Zegu Ungu tritt ein
Nigger zu Urru-Tirritei
futtert nur Gnu-Euter.

Tritt Fritzi Ertner ein
Furunze zu Zenn in Grett
Entziffert unter Ziegen Fritz Reuter.

Eintritt Trutz Rettig
Zierfigur in Untertrenningen
zertritt unter unguten Treffern nur neue Urnen.

Tritt Zitti-Irene zu Neitung ein
Freiin in Neitung-Regitten
zetert nuttig in zertinteten Unterzeugen gegen Zeugung.

Nun tritt Gunter Gierig ein
trifft nie einen guten Gegner
ein guter Ringer zurzeit.

Nun tritt ein UNIRRER gegen Regierungen
trifft
funfzig Gegentritte gegen einen Freien
treffen nie
einen guten Gegner treffen Regierungen nie
unten reiten gierige Gunter
Retter reifen in Feierfernen
unten treten fünfzig Irre Irren entgegen.

Otto Nebel

Freizügig

(gut gegen Fettnieren)

Einen Zentner reifer Entengrütze in eine Eiertüte tun
in eine reine Enteneier-Tüte tun
fünf feinzertretene Ziegen-Eier
einige Unzen Nierentee
gute, giftgrüne Ziertinte zufügen
Tigerfett rin
uff't Feuer ruff
fertig!
Ein feinet Futter für Ringer.

Fred Endrikat

Die Wühlmaus

Die Wühlmaus nagt von einer Wurzel
das W hinfort, bis an die –urzel.
Sie nagt dann an der hintern Stell'
auch von der –urzel noch das l.

Die Wühlmaus nagt und nagt, o weh,
auch von der –urze– noch das e.
Sie nagt die Wurzel klein und kurz,
bis aus der –urze– wird ein –urz– –.

Die Wühlmaus ohne Rast und Ruh
nagt von dem –urz– – auch noch das u.
Der Rest ist schwer zu reimen jetzt,
es bleibt zurück noch ein – –rz– –.
Nun steht dies – –rz– – im Wald allein.
Die Wühlmäuse sind so gemein.

Fred Endrikat

Gedanken beim steifen Grog

Wo ein Grog ist – da ist auch ein Keller.
Wo eine Zeche – ist auch ein Preller.
Wo ein Tsching – da ist auch ein Bum.
Wo ein Kümmel – da ist auch ein Rum.

Wo ein Mat ist – ist auch ein rose.
Wo ein Wind – ist auch eine Hose.
Wo ein Luv ist – ist auch ein Lee.
Wo ein W – da ist auch ein C.

Wo eine Ana – ist auch die lyse.
Wo eine Korn ist – ist auch die büse.
Wo ein Kauta – da ist auch ein bak.
Wo ein Dudel – da ist auch ein Sack.

Wo ein Säbel – da ist auch die Scheide.
Wo ein Schorf ist – da ist auch die Heide.
Wo ein Labs ist – da ist auch ein kaus.
Wo eine Freude – da ist auch ein Haus.

Wo ein Stein ist – da ist auch ein häger.
Wo ein Schorn – ist auch ein steinfeger.
Wo ein Kampf ist – da ist auch ein Sieg.
Wo eine Jungfer – da ist auch ein Stieg.

Wo ein Amboß – da ist auch ein Hammer.
Wo eine Katze – ist auch ein Jammer.
Wo eine Hexe – da ist auch ein Schuß.
Wo ein Kurz ist – da ist auch ein Schluß. –

Hans Arp

die schwalbenhode

immer mit dem hammer
edeldene besen vereden lammer
ein muskelspiel singt zu klavier
im schneeschrank brüllt der phosphorstier

immer mit dem hammer
edeldene besen vereden lammer
der siegelschwalben schaumkoloß
steigt mit den steinen hoch zu roß

immer mit dem hammer
edeldene besen vereden lammer
der feuer– und der wasserschwanz
erstrahlen im medaillenglanz

Unbekannter Verfasser

Großus Bärus

In des Waldes tiefsten Gründen
Ist ein großer Bär zu finden.
In des Waldes tiefstus Gründus
Ist ein großus Bärus findus.
In des Waldchim tiefstchim Gründchim
Ist ein großchim Bärchim findchim.
In des Waldoli tiefstoli Gründoli
Ist ein großoli Bäroli findoli.
In des Waldlatsch tiefstlatsch Gründlatsch
Ist ein großlatsch Bärlatsch findlatsch.

Friedrich Hoffmann

Spatzensalat

Auf dem Kirschbaum Schmiroschmatzki
saß ein Spatz mit seinem Schatzki,
spuckt die Kerne klipokleini
auf die Wäsche an der Leini.
Schrie die Bäurin Bulowatzki:
»Fort ihr Tiroteufelsbratzki!«
Schrie der Bauer Wirowenski:
»Wo sind meine Kirschokenski?
Fladarupfki! Halsumdratski!
Hol der Henker alle Spatzki!«

Günter Bruno Fuchs

Nationalhymne der deutschen Toilettenfrau

Des bin ich
eingedenk
und darfis
tägloch
fühlen:
Im deutschen
Manne
wohnt ein
Kind,
das möchte immer
spülen.

Ernst Jandl

12 blumenbein

ich sein blumenbein
du nicht verstehn
ich sein blumenbein
bein ich sein für blumen

ich nicht sein stiel
ich nicht sein Stengel
ich nicht sein wurzel
ich nicht sein lilienengel

ich sein ein stehn
ich sein ein gehen
ich sein ein hinsetzen
ich sein ein liegen zum letzten

ich sein blumenbein
du nicht verstehn
ich sein blumenbein
bein ich sein für blumengehn

Josef Guggenmos

O unberachenbere Schreibmischane

O unberachenbere Schreibmischane,
was bist du für ein winderluches Tier?
Du tauschst die Bachstuben günz nach Vergnagen
und schröbst so scheinen Unsinn aufs Papier!
Du tappst die falschen Tisten, luber Bieb!
O sige mar, was kann da ich dafür?

Oskar Pastior

Seinesgleichen

Ich Selene Gneis
sieche Gelsen in
eng leise Nische.
Schienengeleis
ins Scheingelee.
Neigen sich Esel –
sie eichen Sleng,
giessen Leichen,
niesen elegisch.
Seelisch eignen
sich nelige Seen.
Eisschneegeil
ein Genesis-Elch –
ich lese einen Gen:
eine Schlinge Es …
Ei, Eschen-Singel
Schlesien, ein Ge-
senge in Eichels
eigenes Sicheln,
Segelschiene in
igelne Schneise,
Schielens Genie,
Inselgeschneie
Engels Schein-Ei,
Inch-Seiles enge
Chinesen-Geisel –
nein, gleich esse

ich ein Genessel;
sein Geselch – nie!

Oskar Pastior

Ballade vom Estaminen Klimasch

wo die Sonne scheint   und man gut baden kan
wo der buxbam waxt   und man fein schupfen kän
wö das feiglein murrt   unz man hübsch braten kan

man wu schüpfen kan
u kan beden kan
hü feiglan
das mank
schmaxt

und scheint die sonne waxt   wo man baden fein
und kan man faglan scheint   wo hubsch sanne mon
und das fein bratän murt   wo kan buxbam waxt

hü feiglern
schmanxt
schü
bod

schü
bod

Elisabeth Stiemert

Der Flohumizidadomus

Ein Flohumizidadomus
fuhr neulich mit dem Omnibus.
Und in dem Bus kam ihm, o Schreck,
sein »mus« am Ende plötzlich weg.

Vielleicht nahm es ein Taschendieb?
Wer weiß es. – Das, was übrigblieb,
ging baden dann im fernen Nil.
Da fraß sein »do« ein Krokodil.

Nun stand der Flohumizida
allein im heißen Afrika.
Und als er dachte: Was wird jetzt?
Da kam ein Löwe angehetzt.

Riß auf sein Maul, er brüllt:
Uaaah! Packt roh den Flohumizida,
der reißt sich los — entflieht — ein Glück!
Zurück blieb nur das letzte Stück.

Der Löwe fraß das Stückchen »da«
genüßlich auf in Afrika.
Der Rest wollt wieder zu uns her,
flog übers große Mittelmeer.

Da rief das »zi« am Ende:
»Fein! So blaues Wasser, ich will rein!«
Es riß sich los und sprang sodann,
nur Flohumi kam bei uns an.

Mitleidig sah er, wie ein Kind
das »i« vergaß im Wörtchen »Wind«.
Sofort gab unser Flohumi
dem Kind sein allerletztes »i«.

Der Flohum wollte keinen Dank.
Er hatte Geld auf seiner Bank.
Da kam ein Räuber und macht: Bum!
Nahm ihm sein Geld und auch das »um«

Der Floh war arm und nun sehr klein.
Er dachte: Es wird besser sein,
ich bleib' aus dem und diesem Grund
im Fell versteckt bei einem Hund.

Mira Lobe

Der verdrehte Schmetterling

Ein Metterschling
mit blauen Bügeln
log durch die Luft.
Er wurde einem Computer entnommen,
dem war was durcheinandergekommen:
irgendein Rädchen,
irgendein Drähtchen,
und als man es merkte,
da war's schon zu spätchen.
Da war der Metterschling schon feit wort …
wanz geit …
Mir tut er leid.

Kurt Sigel

Nonsens-Schlemmerei odder Blödsinn a la Kard

Herr Ower en Bitterschnaps mit Rihrstick von Rahm
en Baajuck mit Grind un en Schornfecher lahm
en Blindevochel mit Busch die Wertin zerbrockt
en Awend in Sirup die Sandbank gelockt
rosa Erinnern in Schaum un traumischer Brih
un Bewe im Herzgang mit Rose un Frih
als Bestes Verwestes voll Made die Köchin gesotte
frisch Eiergestocktes von fresskesse Modde
Radfahrer in Gläser geschälte Bauern nach Wahl
un Lipp un Schamripp in Soß so mundet des Mahl
bal schwitzt uns de Witz um de Disch in de Midde
bei uns isses in Leime beim Schleime so Sidde

Un munder gehts drunner merr wolle noch mehr
drum holt uns bleede Poete un Weibsbilder her
mit Schenkel wie Honich mit gesprenkelde Henkel
am Po
merr kratze de Batze un sin alle froh
e singendes Huhn en gefliechelter Hebammechor
die kitzle dem Nawel mit de Gawwel was vor
en Bunker spielt Trommel en Schornstaa die Geich
am Himmel wächst Schimmel un heulend zor Neich
geht endlich de Daach un die blasse Oblade
des Monds frißt jäh e häßliche Made

Spiele nach und mit Regeln

Joseph von Eichendorff

Mandelkerngedicht

Zwischen Akten, dunklen Wänden
Bannt mich Freiheitsbegehrenden,
Nun des Lebens strenge Pflicht,
Und aus Schränken, Aktenschichten
Lachen mir die beleidigten
Musen in das Angesicht.

Als an Lenz und Morgenröte
Noch das Herz sich erlabete,
O du stilles, heitres Glück!
Wie ich nun auch heiß mich sehne,
Ach, aus dieser Sandebene
Führt kein Weg dahin zurück.

Als der letzte Balkentreter
Steh' ich armer Enterbeter
In des Staates Symphonie,
Ach, in diesem Schwall von Tönen
Wo fand' ich da des eigenen
Herzens süße Melodie?

Ein Gedicht soll ich euch spenden:
Nun, so geht mit dem Leidenden
Nicht zu strenge ins Gericht!
Nehmt den Willen für Gewährung,
Kühnen Reim für Begeisterung,
Diesen Unsinn als Gedicht.

Detlev von Liliencron

Deutsche Reimreinheit

»Feinslieb, ich steh in dem Gesträuche,
In des Mondes hellem Bereuche,
Komm herab und neige dich, neuche
Dich zu mir – oder soll ich dich finden
In deinem Zimmerchen ganz hinden,
Oder im Garten dich begrüßen,
Wo die sinnigen Bächlein flüßen?
Wo die süßen Blaublümlein sprießen,
Darf ich dich etwa dort begrießen?
Geliebte, ich will dich doch nicht betrügen,
O, sieh mich dir zu Füßen lügen.
O, hörst du nicht schon das Brautgeläute,
Es scheint mir ein wenig sehr aus der Weute.
Ha, gräßlich! Ein Rival! Ich zieh vom Leder,
Und schreie Halloh und Mord und Zeder.
Wie trübte das meine Herzensfreude
Und gab mir so viel Herzeleude.
Daß doch immer der Liebe Leiden
So häßlich beschließen der Liebe Freiden.«

Hab Dank, mein Freund, für dein trefflich Lied,
Das sicher im Sterben durchs Herz mir noch zieht;
Nur kann ich auf den Tod nicht leiden,
Wenn die Deutschen den reinen Reim vermeiden.
So hab ich den Reim denn unverrückt
Aus dem vorlaufenden Vers dir gepflückt.
Hinfüro, bitt ich dich, reime rein
Und laß das abscheuliche Schmuggeln sein!

Johann Nestroy

Einreimgedicht

O Knute, o Knute!
Die schwingen man tute,
Machst Wirkung sehr gute
Bei frevelndem Mute.
Was dem Kindlein die Rute,
Ist dem Volke die Knute;
Du stillest die Wüte
Rebellischem Blute.
Das alles, das tute
Die Knute, die Knute!
Weshalb ich mich spute,
In einer Minute
Poetischer Glute
Schrieb ich an die Knute
Dies Gedichtchen, dies gute.

Friedrich Theodor Vischer

Anwendbar

Ein weich verpackter,
Ein fein befrackter,
Nicht sehr intakter
Charakter.
Den Vers, den hab ich im Vorrat gemacht,
Ganz ohne Objekt; ich hab halt gedacht:
Ich mach ihn einmal, er wird schon passen,
Man kann ihn brauchen in allen Gassen.

Viktor von Scheffel

Die letzte Hose

Letzte Hose, die mich schmückte,
Fahre wohl! dein Amt ist aus,
Ach auch dich, die mich entzückte,
Schleppt ein andrer nun nach Haus.

Selten hat an solchen Paares
Anblick sich ein Aug erquickt;
Feinster Winterbuxking war es,
Groß kariert – und nie geflickt!

Mit Gesang und vollen Flaschen
Grüßt' ich einst in dir die Welt;
Zum Hausschlüssel in der Taschen
Klang noch froh das bare Geld.

Aber längst kam das Verhängnis,
Die Sechsbätzner zogen fort,
Und das Brückentorgefängnis
Ist ein dunkler stiller Ort ...

Längst verschwand, was sonst versetzlich,
Frack – und Rock – und Mantels Pracht.
Nun auch du! es ist entsetzlich! ...
Letzte Hose, gute Nacht!

Tag der Prüfung, o wie bänglich
Schlägt mein Herz und fühlt es hell:
Alles Irdische ist vergänglich
Und das Pfandrecht schreitet schnell!

Nirgends winkt uns ein Erlöser,
Letzte Hose! … es muß sein! …
Elkan Levi, dunkler, böser
Trödler, nimm sie! … Sie sei dein!

Stiefelfuchs, du alter treuer,
Komm und stütz mein Dulderhaupt!
Noch ein einziger Schoppen Neuer
Sei dem Trauernden erlaubt.

Dann will ich zu Bett mich legen
Und nicht aufstehn, wenn's auch klopft,
Bis ein schwerer goldner Regen
Unverhofft durch's Dach mir tropft.

Zeuch denn hin, die ich beweine,
Grüß' den Rock und 's Kamisol!
Weh! schon friert's mich an die Beine! …
Letzte Hose, fahre wohl!!

Friedrich Rückert

Aufgegebene Endreime

Auf dem Berg ein Baum steht astlos,
Auf dem Meer ein Schiff geht mastlos.
Zwischen Berg und Meere lieget
Ein verlaßnes Gasthaus gastlos,
Zwischen Gasthaus, Meer und Berge
Schweift ein irrer Wandrer rastlos.
Baum des Lebens, deine Krone
Welke! denn dein Stamm ist bastlos.
Ei, wenn du der Lust verlustig
Giengest, bist du auch der Last los.

Unbekannter Verfasser

Wann hört der Humor auf?

Erst, wenn der Lachs smolliert mit laxen Dachsen,
Wenn Affen gleich den Versifexen klecksen,
Gleich Bellachini die Eidechsen hexen
Und Frösche ob der Steuertaxen quacksen;

Wenn Straußeneier wild in Sachsen wachsen,
Im Garten wuchern, gleich Gewächsen, Flexen,
Und Philologen gleich perplexen Fexen
Belächeln höhnisch der Syntaxen Faxen;

Wenn Reiterstiefel zarte Nixen wichsen,
Wenn Englands Söhne sich mit Ochsen boxen
Und Storch' aus einem Krug mit Luchsen glucksen;

Wenn grüßt der Elefant mit fixen Knixen,
Am Schabbestag die Orthodoxen ochsen …
Dann wird kein Witz sich mehr mit Juxen mucksen!

Unbekannter Verfasser

Am Strande

Als hochbeglückt er sah sie,
Da wandelt an der See sie,
Da redet' an er »Sie« sie,
Doch es gefiel ihm so sie,
Daß er sie nahm, die Susi.

Unbekannter Verfasser

Der Leichenzehrer

In dem Grinterhunde
Einer Grappelpuppe
Saß ein merschwütiger Leichenzehrer
Und malte die Rattenschisse
Seiner freligen Sau,
Die auf einem Hosenrügel saß
Und an einem Schiletfürzchen arbeitete.

Joachim Ringelnatz

Ernster Rat an Kinder

Wo man hobelt fallen Späne.
Leichen schwimmen in der Seine.
An dem Unterleib der Kähne
Sammelt sich ein zäher Dreck.

An die Strähnen von den Mähnen,
von den Löwen und Hyänen
klammert sich viel Ungeziefer.
Im Gefieder von den Hähnen
Nisten Läuse, auch bei Schwänen.
(Menschen gar nicht zu erwähnen,
Denn bei ihnen geht's viel tiefer.)

Nicht umsonst gibt's Quarantäne.

Allen graust es, wenn ich gähne.
Ewig rein bleibt nur die Träne
Und das Wasser der Fontäne.

Kinder, putzt euch eure Zähne!

Karl Schimper

Windwehe

Von einem W-Gestöber

Wäre wirklich, was man wünschte,
Würd' es wohl oft wenig werth seyn;
Wieder, weil zu wenig wirklich
Will es wenig Werth gewinnen,
Während Wünsche wachsend wuchern:
Welch ein Wahn- und Wehe-Wechsel!
Wünsche, Wünsche, werdet wenig!
Wünsche, Wünsche, werdet wirklich!
Wirkliches, werde wirklich werthvoll,
Werde wirklich, wie der Wunsch will!
Wehe, werde wenig, winzig!
Wehe, wüstes, werd' erwürget,
Wehe weiter, wie der Wind weht!

Erich Mühsam

Optimistischer Sechszeiler

Es stand ein Mann am Siegestor,
Der an ein Weib sein Herz verlor.
Schaut sich nach ihr die Augen aus,
In Händen einen Blumenstrauß.
Zwar ist das nichts Besunderes.
Ich aber – ich bewunder es.

Heinz Erhardt

Ein Naßhorn

Ein Naßhorn und ein Trockenhorn
spazierten durch die Wüste,
da stolperte das Trockenhorn,
und's Naßhorn sagte: »Siehste!«

Kurt Tucholsky

Konjugation in deutscher Sprache

Ich persönlich liebe
du liebst irgendwie
er betätigt sich sexuell
wir sind erotisch eingestellt
ihr liebt mit am besten
sie leiten die Abteilung: Liebe

Johann Dietrich Gries

Mein Fall

Er stand am mächtigen Rheinfall
Da kam ihm gleich der Einfall:
O wäre doch der Rheinfall
Kein Wasser – sondern Weinfall!
Dann erst, dann wär er mein Fall!

James Krüss

Modell für deutsches Heimatlied (DHL)

I) Wo	a) der Brocken b) die Zugspitz c) die Saalburg d) dieWartburg e) der Seemann f) der Älpler	steht			
II) Und	a) der Südwind b) der Nordwind d) der Ostwind e) das Strandgras f) das Alpgras	weht,			
III) An der	a) Havel b) Altmühl c) Isar d) Elbe e) Oder f) Weser		IV)	a) hellem b) dunklem c) grünem d) braunem e) sandgem f) lehmgem	Strand,
V) Wo	a) der Hochwald b) der Eichwald c) das Mohnfeld d) das Kornfeld e) die Nordsee f) der Chiemsee	rauscht,			
VI) Wo	a) das Bächlein b) die Quelle c) das Mühlrad d) das Sprinnrad e) der Senner f) der Sandman	plauscht,			
VII) Ist mein	a) vielgeliebtes b) unvergess'nes c) wunderschönes d) schwergeprüftes e) wogenpralles f) bergumkränztes	Heimatland!			

Refrain:

VIII) Ein	a) Schurke b) Hundsfott c) Lump ist, d) Hund ist, e) Streuner f) Hippie,	wer da wandert aus
IX) Aus seiner	a) Väter b) Mütter c) Eltern d) Heimat e) Brüder f) Schwestern	Haus!

Kurt Sigel

Was für ein Kerl

Halluzinierender Tiefschlafbeisitzer
hallo Sie Tiefeischlafsitzer
Sie na Tiefsitzbeischläfer
hulla zie Tiefschlafeiritzer
Luzie ha schlaf tief Eikitzler
hu Ritzei laaf schiefer
hazie o fietlaaf Scheifizzer

Paul Celan

Großes Geburtstagsblaublau mit Reimzeug und Assonanz

In der R-Mitage,
da hängt ein blauer Page.
Da hängt er, im Lasso:
er stammt von Picasso.
Wer hängt ihn ab?
Das Papperlapapp.
Wo tut es ihn hin?
Nach Neuruppin.
In den Kuchen.
Da könnt ihr ihn suchen.
Da könnt ihr ihn finden,
bei den Korinthen
aus der epoque bleue,
links von der Kö,
rechts von der Düssel,
in einer blauen Schüssel.
Er hockt auf der Kante
und schwört aufs Blümerante.

H. C. Artmann

drakula, du schlimmer

drakula, du schlimmer,
komm nicht auf mein zimmer,
tu mama nicht schrecken,
nicht uns kinder necken,
bleib bloß schön zuhaus
bei der fledermaus!
seht den lieben robinson,
heimlich stiehlt er sich davon,
hat schon gnug vom ziegenbraten,
seht ihn nur zum boote waten,
zu der nächsten insel fährt
robinson, wie sichs gehört,
hört doch, wie die paddel platschen
und die nassen segel klatschen.
eh der bleiche mond aufgeht,
er am andern ufer steht,
wo die menschenfresser sind,
ei, das weiß doch jedes kind.
robinson der hats nun fein,
handelt frisches fleisch sich ein!

Unbekannte Verfasser

Palindrome

Ein Neger mit Gazelle zagt im Regen nie.

In Nagold legen Hähne Geld – log Anni.

O renne bei drei Papierdieben, Nero!

Ade, liebe Ella, red' nie in der Allee bei Leda!

Ein Siamese lese Mais nie!

Regal mit Sirup pur ist im Lager.

Nie fragt sie: »Ist gefegt?« Sie ist gar fein.

Eine Hure bei Liebe ruhe nie!

Neuer Dienst mag Amtsneid reuen.

Renate bittet Tibetaner.

Lang ist ein Nietsignal.

Ein Lama, Mama, mal nie!

Leben Sie mit im Eisnebel?

Rettig grub Marie Meir am Burggitter.

Leg in eine so helle Hose nie n' Igel!

Nie lege sieben Alpknaben neben 'ne Bankplane bei Segelein!

Tates Sorgengrab barg 'ne grosse Tat.

Eine treue Familie bei Lima feuerte nie.

Ida war im Atlas, Abdul lud Basalt am Irawadi.

Tat er alkoholfrei? Er floh. O klare Tat!

Die liebe Tote! Beileid!

Ernst Meister

Rückwärts

Eine Wolke schwamm
mit einem Mal
rückwärts und
nannte sich Eklow
(zweifellos eine Gräfin).

Bekanntlich hieß
ihr Urahn
Eklow, eine
Wolke von Mensch
und – ein großer Schwimmer.

Karlhans Frank

Krimi

Es lebte einst in Heidelberg
ein netter, kleiner Heidelzwerg,
der kam in dringenden Verdacht,
er habe heimlich und bei Nacht
den Bürgermeister ausgelacht.
Der Heidelzwerg zog schließlich fort,
lebt jetzt an einem andern Ort.
Zur Zeit wohnt er in Hamburg,
und dort nennt er sich Hamzwurg.

In strenger Ordnung

Jean Paul

Gotthelf Fibels ABC-Merkverse

Ein Affe gar poßierlich ist,
Zumal wenn er vom Apfel frist.

Wie grausam ist der wilde Bär,
Wenn er vom Honigbaum kömmt her.

Camele tragen große Last,
Das Cränzlein ziert den Hochzeitsgast.

Der Dachs im Loche beißt den Hund,
Soldaten macht der Degen kund.

Der Frosch Coax schreit Tag und Nacht,
Der Flegel gar sehr müde macht.

Das Fleisch der Gänse schmecket wohl,
Die Gabel es vorlegen soll.

Gebratne Haasen sind nicht bös,
Der Hammer giebt gar harte Stöß.

Der Jüde schindet arme Leut,
Das Jägerhorn macht Lust und Freud.

Die schlaue Katze frißt die Mäus,
Der Kamm herunter bringt die Läus.

Geduldig ist das Lämmelein,
Das Licht giebt einen hellen Schein.

Zum Beten ist der Münch verpflicht,
Mit Messern stich bei Leibe nicht.

Die Klosternonne will thun Bus,
Ein Nagelbohr man haben muß.

Ein Ochse stösset, daß es kracht,
Das Ohr zu hören ist gemacht.

Ein Pferd dem Reiter stehet an,
Das Peil gebraucht der Zimmermann.

Was Wunder? die sehr rothe Kuh,
Giebt weiße Milch, Quarkkäs dazu.

Der Raben Lied ist: Grab, Grab, Grab.
Vom Rettig man den Koth schabt ab.

Die Sau im Koth sich wälzet sehr.
Das Scepter bringte Ruhm und Ehr.

Vorm Trachen uns bewahre Gott.
Die Trage uns aus aller Noth.

Der Vogelsteller früh aufsteht,
Er fragt nicht ob die Uhr recht geht.

Der Wolf das Schäfgen frißt mit Haß.
Der Tischler braucht sein Winkelmaas.

Xantippa war eine arge Hur,
Die X mal X macht hundert nur.

Des Ygels Haut voll Stachel ist,
Nach Judenkirschen mich gelüst.

Die Ziege Käse giebt zwei Schock,
Das Zälbret hält der Ziegenbock.

Spiritus Asper

ABC-Verse

Zum Beten ist der Mönch verpflicht,
Mit Messern stich bei Leibe nicht.

Der Vogelsteller früh aufsteht,
Er fragt nicht, ob die Uhr recht geht.

Wilhelm Busch

Naturgeschichtliches Alphabet

für größere Kinder und solche, die es werden wollen

Im Ameishaufen wimmelt es,
Der Aff frißt nie Verschimmeltes.

Die Biene ist ein fleißig Tier,
Dem Bären kommt das g'spaßig für.

Die Ceder ist ein hoher Baum,
Oft schmeckt man die Citrone kaum.

Das wilde Dromedar man koppelt,
Der Dogge wächst die Nase doppelt.

Der Esel ist ein dummes Tier,
Der Elefant kann nichts dafür.

Im Süden fern die Feige reift,
Der Falk am Finken sich vergreift.

Die Gems' im Freien übernachtet,
Martini man die Gänse schlachtet.

Der Hopfen wächst an langer Stange,
Der Hofhund macht dem Wandrer bange.

Trau ja dem Igel nicht, er sticht,
Der Iltis ist auf Mord erpicht.

Johanniswürmchen freut uns sehr,
Der Jaguar weit weniger.

Den Kakadu man gern betrachtet,
Das Kalb man ohne weiters schlachtet.

Die Lerche in die Lüfte steigt,
Der Löwe brüllt, wenn er nicht schweigt.

Die Maus tut niemand was zuleide,
Der Mops ist alter Damen Freude.

Die Nachtigall singt wunderschön,
Das Nilpferd bleibt zuweilen stehn.

Der Orang-Utan ist possierlich,
Der Ochs benimmt sich unmanierlich.

Der Papagei hat keine Ohren,
Der Pudel ist meist halb geschoren.

Das Quarz sitzt tief im Berges-Schacht,
Die Quitte stiehlt man bei der Nacht.

Der Rehbock scheut den Büchsenknall,
Die Ratt' gedeihet überall.

Der Steinbock lange Hörner hat,
Auch gibt es Schweine in der Stadt.

Die Turteltaube Eier legt,
Der Tapir nachts zu schlafen pflegt.

Die Unke schreit im Sumpfe kläglich,
Der Uhu schläft zwölf Stunden täglich.

Das Vieh sich auf der Weide tummelt,
Der Vampyr nachts die Luft durchbummelt.

Der Walfisch stört des Herings Frieden,
Des Wurmes Länge ist verschieden.

Die Zwiebel ist der Juden Speise,
Das Zebra trifft man stellenweise.

Adolf Glasbrenner

Logogryph

Mit B bin ich des Tanzes Gott,
Mit F des Fuhrmanns steter Spott,
Mit K wünsch' ich mir's nicht bei'm Geld,
Mit M und D regiert's die Welt.
Mit N bringt's dem Verliebten Weh'
Der Tod nur endigt seine P
Mit R bin ich der Unschuld Kleid,
Mit S der Philosophen Streit,
Mit W was alle Welt erfreut.

Bertolt Brecht

Aus einem Alfabet

Eventuell bekommst du Eis
Heißt, daß man es noch nicht weiß.
Eventuell ist überall
Besser als auf keinen Fall.

Ford hat ein Auto gebaut
Das fährt ein wenig laut.
Es ist nicht wasserdicht
und fährt auch manchmal nicht.

Katzen sind, wenn sie geboren
Werden, meistens schon verloren.
Da man sie ins Wasser hängt
Werden sie ertränkt.

Neugieriges Lieschen
Fand ein Radieschen
In Tantes Klavier.
Das Radieschen gehörte ihr.

Quallen im Sund
Sind kein schöner Fund.
Die roten beißen.
Aber man soll keinen Stein drauf schmeißen.
(Weil sie sonst reißen.)

Steff sitzt lang auf dem Abort
Denn er nimmt ein Buch nach dort.
Ist das Buch dann dick
Kommt er erst am nächsten Tag zurück.

Uhren wirft man nicht in den See.
Es tut ihnen zwar nicht weh
Sie können nur nicht schwimmen
Und werden danach nicht mehr stimmen.

Xantippe sprach zu Sokrates:
»Du bist schon wieder blau?«
Er sprach: »Bist du auch sicher des!?«
Er gilt noch heut als Philosoph
Und sie als böse Frau.

Zwei Knaben stiegen auf eine Leiter.
Der Obere war etwas gescheiter.
Der Untere war etwas dumm.
Auf einmal fiel die Leiter um.

Benno Papentrigk

Das Schüttel-ABC

Absalom sich im Haar verfängt.
Alarm wird bei Gefahr verhängt.

Äolus los die Winde läßt.
Die Ähren wiegt der linde West.

Die Auster tief auf Bänken liegt.
Das Auto aus beim Lenken biegt.

Bello die Wurst vom Teller schnappt;
Der Bösewicht wird schnell ertappt.

Des Cantors Chor Choräle singt;
Der Christ um seine Seele ringt.

Im Dorfe dreht die Kunkeln man.
Im Dunkeln man gut munkeln kann.

Hätt Eva nicht den Baum verkannt,
Aus Eden warn wir kaum verbannt.

Ums Einhorn sich die Märe spann.
Aus Eisen schmiedet Speere man.

Eumaios war ein Schweinehirt.
Die Eule nachts im Haine schwirrt.

Der Funke aus der Wolke fährt.
Die Fahne ist dem Volke wert.

Der Geizhals ist aufs Gold versessen.
Den Gatten hat Isold vergessen.

Der Hase hoch beim Rennen hupft.
Am Herd die Hausfrau Hennen rupft.

Der Ibis zählt zum Nilbestand.
Ionisch wird ein Stil benannt.

Der Juchzer von den Höhn erschallt;
Des Jägers Jagdhorn schöner hallt.

Am Kongo Kannibalen wohnen.
Kaffee kommt aus ovalen Bohnen.

Leimruten legen Lasterknaben.
Lausbuben sich am Knaster laben.

Die Maus sich um den Zucker müht.
Ein mürrisch Maul der Mucker zieht.

Nackt tanzen auf dem Rasen Nymphen;
Die Neider ihre Nasen rümpfen.

Oasen sieht man oft in Wüsten liegen.
Die Odalisken sich in Lüsten wiegen.

Den Pimpfen macht das Impfen Pein;
Der Pudding geht den Pimpfen ein.

Pfarrer der Pfeife Laster pflegen.
Pfuscher laßt keine Pflaster legen!

Phöbus lenkte der Sonne Wagen.
Phrasen Philister mit Wonne sagen.

Psyche, der leibgelösten, graut.
Der Psalter preist den Größten laut.

Getreten quietscht die Qualle stark.
Es quillt in manchem Stalle Quark.

Es rauscht und rinnt der Dauerregen.
Mit Riesen rang manch rauher Degen.

Die Sonne sengt, 's ist hitzefrei;
Selig davon saust Fritze, hei!

Des Schweißes ist die Scholle wert.
Den Schafen man die Wolle schert.

Der Sterne Lauf wird fein erkannt;
Den Stein der Weisen keiner fand.

Bei Tee und Tanz die Jugend tagt;
Der Teufel macht auf Tugend Jagd.

Undine in der Woge lebt.
Unendlich Unheil Loge webt.

Der Vagabund im Lande streicht.
Verdruß vergeht am Strande leicht.

Der Wiedehopf 'ne Haube trägt.
Des Winzers Hand die Traube hegt.

Xanthippe keifte schändlich, ach!
Dem Xerxes bot man endlich Schach.

Der Yogin zur Ekstase neigt.
Der Yquem in die Nase steigt.

Es zückt der Zorn das Hackebeil.
Der Zahnarzt macht die Backe heil.

Curt Seibert

Das goldene ABC

Der Adler fällt vom Büchsenschuß,
Die Abstinenz ist kein Genuß.

Der Biber ist ein Nagetier,
Belcanto ist kein Zahngeschwür.

Die Ceder wächst am Libanon,
Auch Candidaten küssen schon.

Darius war ein Perserkönig,
Ein Dauertänzer schläft meist wenig.

Der Eber ist ein großes Schwein,
Der Ehebruch geht nur zu zwei'n.

Die Fiedel jeder Geiger kennt,
Der Fakir gut auf Nägeln pennt.

Ein schöner Vogel ist die Gans,
Der Geist braucht kein Parkett zum Tanz.

Der Hexenschuß schmerzt wie die Gicht,
Der Hund kann ohne Stamm-Baum nicht.

Der Iltis ist ein zäher Bissen,
Der Igel ist kein Sofakissen.

Der Kaktus ist der Wüste Rose,
Auch der Kastrat trägt eine Hose.

Die Lerche singt vor Gottes Throne,
Der Lachgaskrampf ist auch nicht ohne.

Der Moslem durch die Wüste schreitet,
Der Muskel durch Gebrauch sich weitet.

Der Nero war ein schwacher Mann,
Den Neuvermählten sieht man's an.

Der Ochse mit dem Schwanz sich wischt.
Von manchem Onkel erbt man nischt.

Der Pökelhering duftet fein,
Ein Pärchen sitzt sehr gern allein.

Die Qualle durch das Weltmeer fährt,
Quintaner sind schon aufgeklärt.

Rothaarig ist der Rehe Rücken,
Wer rudern will, der muß sich bücken.

Der Sammler sammelt Tag und Nacht,
Der Säugling in die Windeln macht.

Tataren durch die Wüste ziehn,
Bei Seegang wird der Teint oft grün.

Die Uhr tickt ständig laut und kurz,
Bei Ultimo ist Kassensturz.

Victoria schreibt sich stets mit ‚V',
Bei Veitstanz weiß man's nicht genau.

Walküren reiten durch die Nacht,
Die Wanze uns Beschwerden macht.

Das Xylophon ertönt im Saal,
X-Beine sind kein Ideal.

Yantra ist eine Tragechaise,
Der Yoghurt aber weißer Käse.

Der Zitteraal im Wasser steht,
Die Ziege schwarze Pillen dreht.

Curt Seibert

Das silberne ABC

Albert
Brachte
Christine
Durch
Einen
Finsteren
Gang
Hinein
In
Kammer
Legte
Mädchen
Nieder
Ordnete
Polster
Quasselte
Reden
Sagte
Tausend
Und
Vier
Worte
X-mal
Ym
Zwielicht

Hans Weigel

Ein Enharmonisches Verwechslungs-Alphabet*

Im Ais Ais His sprach kein P Fisis,
Das Aisby macht oft Gisis Gisis.

Die Blumen soll man häufig assen,
Der B-chylos schrieb für die Massen.

C-teriker sind meist pedantisch,
Cesges schrieb schwungvoll und romantisch.

Das Laub der Dispe zittert gerne,
Das Wasser fault in der Desterne.

Das Estichon ist kurz und bündig.
Wer Esziplin scheut, ist nicht mündig.

Fisundheit macht uns stets zufrieden,
Die Fescesfes wird oft geschieden.

Der Ges-Kampf tobt trotz Kälte heiss,
Gesetze birgt Ais Fisis Ais.

Herocis liebte Salomfes,
Herodigis verübelt' es.

---

* Wer notenlesen gelernt hat, weiß, was eine enharmonische Verwechslung ist: dass, populär gesprochen, derselbe Ton einen anderen Namen bekommt. D kann Cisis oder Eses sein, Eis kann F werden, H kann Ces, C kann His, B kann Ais, Fis kann Ges sein oder werden und umgekehrt. Daher kann eine Demarche auch eine Cisismarche oder Esesmarche sein, der Eiskaffee ein Geseskaffee, der Beduine ein Aisduine, die Gesellschaft eine Fisellschaft.

Hast du eine Icicis, wisse:
Dein Cheis hört sie mit Interdisse.

Der Judgislohn trägt keine Zinsen,
Dem Disau gab der Jakob Linsen.

Die Kellergissel liebt das Feuchte,
Professor Klafis gilt als Leuchte.

Im Leporelloschen Reaster
Stehn Juans gisismouröse Laster.

E heisst des Marokkaners Hut,
Mecisisgisis schwamm in Blut.

Nardessen blühn im Lenz en gros.
Im Norden lebt der Diskimo.

Oesseus war im Cescis Gast,
Ordist erschlug den Disisast.

Ein Para-Es war' eine Welt,
Der es an Polidesten fehlt.

Der Quäker liebt das Fisisaist
Und Quaker Oats (was Cesfer heisst).

Ra-eschen tischt man auf au beurre,
Max Reinhardt war ein Reasseur.

Saesten freut der Schlag und Biss,
In Seenot funkt man Dis O Dis.

T Ais His zehrt an den Brüsten,
Tragöden lieben grosse Fisten.

Fürs Gisistom braucht man Uran,
Der Ukdis schreckt den Untertan.

Verassmeinnicht die Wiesen ziert,
Vanille-F schmeckt parfümiert.

Walt Esneys Film belebt die Wüste,
Die Wiener schätzen fremde Fiste.

Der Xerxdis floh bei Salamis,
Xantippfes quälte Sokratdis.

Der Yankee kommt aus U Dis Gisis,
Am Yanghis findet man Yacisis.

Der Zöllner liebt das Kongeszieren,
Die Gestel wird das Zahnweh schüren.

Heinz Erhardt

Von A bis E

Herr Afeu frug Herrn Befeu:
»Wo bleibt denn bloß Herr Cefeu?«
Da sprach Herr Befeu: »Cefeu?
Der sitzt mit Fräulein Defeu
dort unten hinterm Efeu!«

Dieter Brembs

Das Drachenabeceh

Akumander
Blomotram
Claculac
und Daschitil
fraßen oft und fraßen viel,
Echogröl
und Famofax
lutschten gern
auch Bienenwachs.
Gnoloton, Hydraulolux
sind die zwei
mit Riesenwuchs.
Imipril
und Jodelschodel,
Knastor
und auch Lummerlatt
wurden montags
selten satt,
Muckschluck.
Nasch
und Oxoho
hatten einen
grünen Po.
Plumulum
Quülliwam
plantschten
sonntags
gern im Schlamm.

Rätscheltätschel
und Schulu
schauten dabei
lieber zu.
Töckmöck,
Umpf und Valotrom,
Wammelwusch
und Xacholon
gaben von sich
manchen Ton,
Ysoprül
und Zammelzot
stellten sich auch
gerne tot.

Spiele mit Formen

Eduard Mörike

Der Sträfling

Elegische Balladière.
Im Kerker zu Stuttgart gedichtet
d. 5. April 1837

In des Zwingers Mißgerüchen
    Fröstelnd sitz ich da;
Weil man mich der königlichen
    Zwiebel dräuen sah.

Denn ich wähnt', es wär nicht übel,
    Wenn wir unserem Aquavit*
Statt gemeiner Zähren-Zwiebel
    Zärtern Schmälzling teilten mit.**

Und ich schlich zum Herrscher-Garten,
    Wo der Silberstözling† schwimmt,
Wo die Afrikanen†† schnarrten
    Und die Tulpe flimmt.

---

* Euphemism, pour Wasser-Soupe

** Auch mein Kochwerk auszubessern***,
    Pröblings wollt' ich's tun;
Diesen Wissenszweig zu größern,
    Kann mein Geist nicht ruhn.

*** Der Verfasser beabsichtigte die Herausgabe eines Kochbuches nach baichenen Ideen, welches sein Bruder drucken wollte.

† Der Schwan.

†† Eine Art ausländischer Enten; sehr schön, aber von häßlichem Geschrei!

»Ihre Knolle auszuzwarken,
Hilf, o Küpris*, mir!
Niemand wird mir dies verargen,
Niemand lauschet hier!«

Und schon bohrt' ich auf die Neige
Und schon gab sie nach,
Als aus nahem Lust-Gezweige
Still ein Bosmann brach.

Und ich trat mit meinem Zweke
Floskelnhaft hervor,
Doch der goldbordierte Reke**
Wismet' mir kein Ohr. –

– Wie nothwendig Junge brechen
Aus dem Hühner-Ei,
So folgt jeglichem Verbrechen
Stets die Polizei.

In des Zwingers Mißgerüchen
Fröstelnd sitz' ich da,
Weil man mich der königlichen
Zwiebel dräuen sah.

* Göttin der Botanique.

** Altteutsch pour: Portier.

Lewis Carroll / Christian Enzensberger

Der Zipferlake

Verdaustig war's, und glasse Wieben
rotterten gorkicht im Gemank.
Gar elump war der Pluckerwank,
Und die gabben Schweisel frieben.

»Hab acht vorm Zipferlak, mein Kind!
Sein Maul ist beiß, sein Griff ist bohr.
Vom Fliegelflagel sieh dich vor,
Dem mampfen Schnatterind.«

Er zückt' sein scharfgebifftes Schwert,
Den Feind zu futzen ohne Saum,
Und lehnt sich an den Dudelbaum
Und stand da lang in sich gekehrt.

In sich gekeimt, so stand er hier,
Da kam verschnoff der Zipferlak
Mit Flammenlefze angewackt
Und gurgt' in seiner Gier.

Mit Eins! und Zwei! und bis aufs Bein!
Die biffe Klinge ritscheropf!
Trennt er vom Hals den toten Kopf,
Und wichernd sprengt er heim.

»Vom Zipferlak hast uns befreit?
Komm an mein Herz, aromer Sohn!
Oh, blumer Tag! Oh, schlusse Fron!«
So kröpfte er vor Freud'.

Verdaustig war's, und glasse Wieben
Rotterten golkicht im Gemank.
Gar elump war der Pluckerwank,
Und die gabben Schweisel frieben.

Christian Morgenstern

Der Flügelflagel

Der Flügelflagel gaustert
durchs Wiruwaruwolz,
die rote Fingur plaustert,
und grausig gutzt der Golz.

Christa Reinig

Ballade von den unsagbaren Geschehnissen

Und der Kallermarl ast Gimme
und die strohn ihm im Salleit,
Pritchie Pritcher ast ein Nimme,
doch den Nimme muhlt man neit.

Lang schon gohlt es im Betritsche,
pussert sich zum Rampelfurm,
meulich mammelt die Matizsche,
pauft die Jemmen in den Zurm.

Unter einem Himmergepsel
brault der Mugger seinen Prumpf,
doch gar bald betreupft Schamepsel,
und es pergelt Mörschenwumpf.

Prietchie frammt sich einen Wusser,
plärzt ins Kneff den wutren Greun,
aber plötzlich schwallern Grusser,
und er wufzt aus Krützel heun.

Pritchie-boy farewell in Boiler,
nimmer pomden wir dich mim,
nein, wir pomden dich auf holler,
Pritchie, nicht beschwuchten knirn.

Endlich schnefzt herbei die Krasse,
jetzt die Betten vergepliert!
Aber ach, es queuzt Kalosse,
Kneutschels, zengen wir den Schwiert?

Und der Reller prünelt schweise,
und die Beulken schweun dahin,
das war Bammerwemmels Zeise,
und so nertscht es pacherwin.

Unbekannter Verfasser

Entsetzlich

Es sitzt die Gräfin auf der Zinne ihrer Burgen,
Das Angesicht umflort von Kummer und von Surgen.

Halb welk ist schon die jugendliche Holde;
So schaut sie tief hinab auf das Gefolde.

Da blühet Alles in des Frühlings Prangen;
Und Jubel tönet von der Vöglein Zangen.

Die Rosen duften und die Nelken sprossen;
Und Philomele flötet aus Zyprossen.

Die Lerchen schmettern und die Käfer summen;
Da klagt die Gräfin: »Wann wird er wohl kummen?

Ob mich ein Dämon seiner wohl beraubet?
Wo säumt der Mann, den meine Seele laubet?

Ist er mir jetzt schon gram? Will er mir trotzen?
Daß er mich läßt auf dieser Zinne sotzen?

Bricht er die Treue, die er mir geschworen,
Bricht er die Treue schon nach dritthalb Johren?

Hab' ich's verschuldet, daß er meiner spottet?
War mein Geschick mit seinem nicht verkottet?«

So klagt die Gräfin und ihr Aug', ihr schwarzes,
Es rinnt im Übermaß des tiefsten Schmarzes.

Ihr Wort erstickt im bittersten Geschluchze;
Und in Verzweiflung faßt sie eine Buchse.

Sie spannt den Hahn – von Satanas verlocket –
Drückt los und – ach! – schon liegt sie hingestrocket.

Sie liegt entseelt, durchschossen auf dem Boden
Und neben ihr die Waffe, die sie selbst geloden.

Kaum aber hat ihr Leben sie verloren,
Sieht man auf's Schloß zu einen Ritter gallopporen.

Schon ist er da; schon springt er von dem Rappen
Und eilt hinauf die langen Wandeltrappen.

Schon ist er auf der Zinne, ach! und sieht mit Schrecken
Die starre Leiche vor den starren Blecken.

Da stampft er wild den Boden mit den Stiefeln
Und ruft: »Warum, o Gräfin, mußtest du verzwiefeln?

Warum konnt'st du, o Holdeste der Holden,
Dich nicht noch einen Augenblick gedolden?

Und muß ich dich als blut'ge Leiche schauen,
Was soll ich in dieser Welt noch tauen?« –

Er spricht's; es funkeln seine wilden Augen,
Und aus der Scheide zieht er seinen Daugen.

Und schwingt ihn keck und mit dem grimmsten Trotze
Stößt er sich in die Brust die scharfe Spotze.

Er sinket um mit einem Schmerzenslaute,
Und schon liegt er entseelt in seinem Blaute.

Mit Schrecken sieht man bald vom Zinnengatter
Den Leichnam von der Gräfin und dem Ratter.

Der Übereilung kann nichts Gutes nicht entwachsen;
O hüte dich vor Degen, Dolch und Bachsen!

Und wisse, daß sein Grab sich selber schaufelt,
Wer an dem eigenen Geschick verzwaufelt.

Friedrich Theodor Vischer

Prähistorische Ballade

Ein Ichthyosaur sich wälzte
Am schlammigen, mulstrigen Sumpf.
Ihm war in der Tiefe der Seele
So säuerlich, saurisch und dumpf,

So dämlich, so zäh und so tranig,
So schwer und so bleiern und stumpf;
Er stürzte sich in das Moorbad
Mit platschendem, tappigen Pflumpf.

Da sah er der Ichthyosaurin,
So zart und so rund und so schlank,
Ins schmachtende Eidechsenauge,
Da ward er vor Liebe so krank.

Da zog es ihn hin zu der Holden
Durchs klebrige Urweltgemüs,
Da ward aus dem Ichthyosauren
Der zärtlichste Ichthyosüß.

Ludwig Eichrodt

So ist der Mensch

Der Lappe lacht die Läppin an:
»Wie lieblich steht im Krug der Thran!«

Der Lapp' zur Läppin schmunzelnd spricht
Auf läppisch: »Thran hat mancher nicht.«

»O Thran erfüllt den Bauch allein,
Macht dick den Kopf und hält ihn rein.«

»Denk' an die armen Europä'r,
Sie haben Kopf und Magen leer.«

So spricht der Lapp, die Läppin bebt
Vor solchem Unglück und entschwebt.

Zum Vorschein bringt sie ein Gefäß.
Am Strande, sagt sie, fand sie es.

Der Lappe riecht und ist entzückt.
Setzt an und ab und säuft und schlückt.

Die Läppin reißt's ihm aus der Hand,
Bald schlägt aus Beider Mund der Brand.

Da lallt der Lapp die Läppin an:
»Wie wundervoll ist dieser Thran!«

So findet sie der Kapitän. –
»Ei Herr, Ihr könnet aufrecht stehn?

Mit solchem Trank gewiß im Leib,
Verließt Ihr Euer Eheweib?«

» – Läppin! Es war kein leerer Wahn,
Die Europä'r sind übel dran.«

»Denn sicher, nur wer Lappenthran
Im Leib hat, dem schlägt andrer an.«

Ludwig Eichrodt

Hungriges Lied

Drei wack're Burschen saßen
Gar ungemüthlich da
Auf einem kühlen Rasen
Beim cerevisia.

Da schüttelt das Haupt der Eine
Und hub zu singen an
Ein Lied von Heinrich Heine,
Das Jeder singen kann.

»Ich weiß nicht, was soll es bedeuten,
Daß ich so traurig bin,
Ein Beafsteak aus alten Zeiten,
Das kommt mir nicht aus dem Sinn.«

Darauf versetzt der Zweite,
»Auch ich weiß ein Gericht,
Auf dieses wäre ich heute
Absonderlich erpicht.

Mich will es schier bedünken
Als thät uns Eines Noth,
Das ist ein roher Schinken
Mit sanftem Butterbrod.«

Da trafen sich die Gedanken
Und alle stimmten bei,

Daß Butterbrod ein Ranken
Auch nicht von Leder sei.

Und mit der Zunge schnalzten
Sie Alle Mann für Mann,
Worauf sie sich umhalsten
Und huben zu singen an:

»Schinken, den ich meine,
Der den Hunger stillt,
Komm, mit deinem Scheine
Rosenrothes Bild!«

Darauf begann der Dritte:
Auch ich weiß einen Fraß,
Den ich mir nie verbitte
Zu einem guten Glas:

Ich meine Schweinebraten,
Der sich gewaschen hat,
Ich meine Schweinebraten,
Mit grüßendem Salat.«

Da war man gut berathen
Und alle stimmten bei,
Daß so ein Schweinebraten
Auch nicht von Leder sei.

Da sprach der Erste wieder
Und hub zu singen an:

»Ihr meine lieben Brüder
Es ist ein leerer Wahn,

Vortrefflich ist uns allen
Verhältnissen gemäß
In diesen heiligen Hallen
Ein frischer Schweizerkäs!«

Der Zweite rief: »o hätt' ich
Zu diesem schlechten Bier,
Nur einen edlen Rettig –
Geholfen wäre mir!«

Der Dritte sprach nicht wieder;
Zu helfen aus der Noth,
Schritt er, statt aller Lieder,
Zur That mit Kommisbrod.

Ludwig Eichrodt

Die Rache

Eine schändliche Ballade

Umgebracht in seinem Bette,
liegt der Ritter Seidelbrecht;
Liegt in seinem bleichen Fette,
Und daneben steht der Knecht,
Steht sein Weib, das abgefeimte,
Das von jeher Bosheit schäumte.

Und es spricht der Knecht des Hauses,
Wischend die bespritzte Hand
An dem Ärmel seines Flauses,
Zum verruchten Weib gewandt:
Dieser ist des Todes worden,
Soll ich auch den Sohn ermorden?

Und erwidernd spricht die Arge:
Schöner Josef, sei so gut!
Thu mir den Gefallen, karge
– Nimmer mit Tyrannenblut!
Willst Du Gift, willst Du ein Dölchlein,
Oder würgen wir das Mölchlein?

Ach, sie haben kein Gewissen,
Ach, der Kleine muß daran,
Aus dem Bett wird er gerissen,
Und mit Wollust abgethan.

Sieh, das geht geschmiert wie Butter,
Lispelet die Rabenmutter.

Horch, da raspelt's in dem Bette,
Da erhebt sich's aus dem Bett;
Und als ob er Leben hätte,
Wandelt er zum Pfeifenbrett;
Stopft sich mit verdrehten Augen
Einen Kopf und thut ihn rauchen.

Gräßlich, gräßlich, gräßlich gräßlich,
Gräßlich, das ist ein Gespenst!
Josef, Josef, wird unpäßlich,
Eulagunde blickt entmenscht:
Beide wagen nicht zu sprechen –
So thut Seidelbrecht sich rächen.

Eine lange, lange Stunde
Schleicht dahin und Keines weicht;
Uebel wird es Eulagunde,
Josef zum Phantom erbleicht:
Seidelbrecht, der Todtensteife,
Stopft sich eine zweite Pfeife.

Höret nimmer auf zu rauchen,
Stieret auf das Herz des Weibs
Mit dem linken seiner Augen,
Schauerlichen Zeitvertreibs;
Mit dem rechten schielt erbittert
Er auf Josef, der da zittert.

Und zum andern Male klopfet
Aus die Pfeife Seidelbrecht;
Und zum dritten Male stopfet
Er die Pfeife mundgerecht.
Siebenmal und nochmal sieben
Mal wird dieser Spuk betrieben.

Eben schlug die zwölfte Stunde
Dumpfig, wie ein Uhu surrt,
Angeraucht ist Eulagunde,
Josef ärmlich eingeschnurrt;
Schon, mit ganz verdorbnem Teinte,
Stehn sie da wie Postamente.

Dann, unmöglich daß man's glaube,
Unerbittlich, stumm, gerecht,
Bröckelt er zu schnödem Staube
Seine Gattin, seinen Knecht;
Stopft damit, wer will's begreifen?
Siebenmal dreihundert Pfeifen.

Rauchet krampfhaft, rauchet schändlich,
Bis der Hund zur Sonne bellt,
Raucht und rauchet, bis er endlich
Selbst in Staub und Asche fällt.
Wage Keiner, daß er lache –
Das war eines Rauchers Rache!

Unbekannter Verfasser

Eskimojade

Es lebt' in dulci jubilo
In Grönland einst ein Eskimo.
Der liebt voll Liebeslust und Leid
Die allerschönste Eski*maid*,
Und nennt im Garten sie und Haus
Bald Eski*miez*, bald Eski*maus*.
Im wunderschönen Eski*mai*,
Spazieren gingen froh die Zwei,
Geschminkt die Wangen purpurroth,
Wie's mit sich bringt die Eski*mod*,
Und setzten sich ganz sorgenlos
Ins wunderweiche Eski*moos*.
Still funkelte am Horizont
Der silberklare Eski*mond*.
Da schlich herbei aus dichtem Rohr,
Othello, Grönlands Eski*mohr*.
In schwarzer Hand hielt fest den Dolch
Der eifersücht'ge Eski*molch*
Und stach zwei- dreimal zu voll Wuth
In frevelhaftem Eski*muth*.
Vom Dolch getroffen alle beid' –
Sank Eski*mo* und Eski*maid*.
Da rannt' im Sprunge des Galopps
Herbei der treue Eski*mops*
Und biß mit seinen Zähnen stark
Den Mörder bis in's Eski*mark*,
Der bald, zerfleischt vom treuen Hund,
Für immer schloß den Eski*mund*. – –

So ward – das ist der Schlußaccord,
Gerächt der blut'ge Eski*mord*!
Und schau'rig klingt vom Norden her
Noch heut'gen Tags die Eski*mähr*!

Unbekannter Verfasser

Klapphorn-Ballade

Zwei Ritter ritten durch das Korn;
Der eine zog seine Mähre von vorn,
Der andere schob dahinter –
Es ging halt nicht geschwinder.

Zwei Dächer sahen sie winken von fern:
Das Haus des Wirts und das Schloß des Herrn;
Umsonst soupiert man im Schlosse –
Drum lenkten sie dahin die Rosse.

Zwei Türmer sahen die Ritter zur Stund,
Sie setzten beide das Horn an den Mund;
Der eine tutete scheußlich –
Der andere schwieg wohlweislich.

Zwei Köpfe fuhren an's Fenster sodann;
Der eine gehörte dem Schloßherrn an,
Beim andern war möglich der Zweifel,
Ob Schwiegermama oder Teufel.

Zwei Knappenhände öffnen das Tor,
Doch nur ein Knappe tritt hervor;
Warum? – weil nur einen Knappen
Der Schloßherr konnte berappen.

Zwei Ritter traten im Saale ein,
Da saßen des Schloßherrn Töchterlein;

Die eine war dreißig vorüber,
Die andere – Schwamm drüber! –

Zwei Ritter machten am Absatz kehrt,
Ein jeder holte im Stalle sein Pferd,
Sie sprengten davon, daß es Funken stob,
Der andere zog, der eine schob.

Kurt Schwitters

Die Nixe

Ballade

Es war einmal ein Mann, der gung
In eines Flusses Niederung.
Der Tanz der grünlich krausen Wellen
Tat seines Geistes Licht erhellen.

Am Ufer gluckste es so hohl,
Wohl einmol, zwomol, hundertmol;
Und auf des Flusses Busen brannte
Ein Glanz, den jener Mann nicht kannte.

Da dachte jener klug und schlicht:
»Ich weiß nicht, doch da stimmt was nicht!«
Und guckte ohne auszusetzen
Auf die verwunschnen Wellenfetzen.

Auf einmal gab es einen Ton,
Und aus dem Wasser hob sich schon
Mit infernalischem Geflimmer
Ein blondes, nacktes Frauenzimmer.

Die hatte hinten irgendwo
Den Schwanz, gewachsen am Popo;
Dagegen fehlten ihr die Beine
Das Mädchen hatte eben keine.

Sie steckte sich in ihr Gesicht
Ein Lächeln, das ins Herze sticht
Und stützte lockend ihre Hände
Auf ihres Schwanzes Silberlende.

Dem Mann am Ufer wurde schwach;
Er dachte: »Oh!«, und dachte: »Ach!«
Und ohne groß sich zu bedenken,
Wollt er ihr seine Liebe schenken.

Dem Mädchen in der Niederung
War seine Liebe nicht genung;
Sie winkte, statt sich zu erbarmen,
Dem Mann mit ihren beiden Armen.

Da bebberte der arme Mann,
Wie nur ein Starker bebbern kann;
Und senkte sich mit einem Sprung
Hinunter in die Niederung.

Da sitzt er nun und hat den Arm
Gebogen um der Nixe Charme;
Und wenn kein andrer kommt gegangen,
So wird er ebenso gefangen.

Albert Ehrenstein

Quallade

(Dem Quaestor Quintilian Quevedo in Querfurcht)
O quarrendes Gequak, o Quadrigal!
Ein quidam, sicherlich ein quecker Querkopf
So quisi-quasi Quedlinburger Squatter –
Quatschte mitten im Quarnero:
Am Quisisana-Quai,
Nah der Quelle des Guadalquivir,
Welche auf Quarzquadern quer durch Quebeck
Bei Quito quillt oder auch nicht,
Vor Quinquillionen Jahren
Mit einem Quagga aus dem Quattrocento,
Das sich quietschend von Quitten, Quappen –
Mit und ohne Kaul –
Ja! Quallen nur und Quargeln nährte,
Über die Quinquupelallianz,
Sowie die Qualitäten einer
Quicken Quinteronin aus dem Cinquecento
(Die im Quartalssuff qualmend mehr als ihre
Quantitativ abnorme Quote
An Quintanern und erotischen Quixoten
Ohne Quengeln und Querelen
Auf Queensland quirlte und ausquetschte, bis
Kein Quassia, kein Quecksilber der Quacksalber
Ihr von der letzten Quarantäne Qualen half)
Und über dieses quastenreichste Quasselthema:
Quousque tandem quält uns solch ein
Quodlibet von Quiproquos?

Albert Ehrenstein

Jung Wikings Holmgang

Der Preußenkönig sprengt aufs Postamt,
Da war der Schalter zu,
Eitel Mettwurst verlor allhie sein Verstand –
Fahr hin in süßer Ruh!
Wer pirscht in wüster Nacht
Um sein verwildert Grab?

Herr Penismund zornzeucht
Sein Tjostblutschwert mit vielkühnem Mut,
Schnitt Wunden in seynen Barbart,
Eilf Eisbärserker rollmopsten sich schwarz
Allda,
Dies ist so Reckenart.

Grün Inge blies zum Kampf auf dem Kamm.
Was blickst du so bleich wie Käsekalk?
Erblondend ward ihr rot;
Auf der Walstatt blieb ein' Laus
Wohl tief in dem Schwamm –
Die Memmin stellte sich tot.

So rufet Trauer aus Heerhorns Bauch,
Der Skalde thrant methmüd –
Ganz Stabreimland am Bettelstab!
Weh ach zu End schier geht die Mär o auch:
Der Barde gehrt in die Bar gar prüd.

Robert Wolfgang Schnell

Ballade

Es war einmal ein General,
zahllos wie die größte Zahl,
schlängelt' sich so wie ein Aal
von diesem Kral zu jenem Kral.

Dort traf er auch den Generak.
zahklos wie die größte Zahk,
schlängelt' sich so wie ein Aak
von diesem Krak zu jenem Krak.

Beide trafen Generam,
zahmlos wie die größte Zahm,
schlängelt' sich so wie ein Aam
von diesem Kram zu jenem Kram.

Aus den Drein stieg Generaz,
zahzlos wie die größte Zahz,
schlängelt' sich so wie ein Aaz
und dann fraß ihn doch die Kaz!

Oskar Pastior

Die Ballade vom defekten Kabel

ADAFACTAS
Cowlbl
Ed rumplnz kataraktasch-lich
Uotrfawls
aachabrawnkts Brambl
aachr dohts …

Schlochtehz ihm
schlochtehz ihm
ehs klaren Zohn

Ihn Uotrfawls

Humrem hä?
Do humrem
Nodo humrem
kaineschfawls

Ehs ischtolt ain däfäktäs
rumpltsch
traktaz
ä nedderschtilchz
Rompl-Grompt

Cowlbl o Cowlbl wottä
Cowlbl-gotz!

Gehbät uns ain
adakuats Ch-bell
ntmr hiechffn
s-trumpltsch Bvchuelltr
aasm
Naawbl

Robert Gernhardt

Das Scheitern einer Ballade

Eine Ballade

Fürst Friedrich stand im Krönungssaal,
wie leuchtete sein Ohr so fahl!

Und jeder, der es sah, erschrak,
weil in ihm so viel Fahlheit lag.

»Lag«? Sagt man da nicht besser »schwang«?
Fürst Friedrichs Herz schlägt wild und bang.

»Schwang«? Stimmt es denn, daß Fahlheit schwingt?
Fürst Friedrich sieht sich jäh umringt.

Was macht denn Fahlheit? Schimmert sie?
Fürst Friedrich beugt sein rechtes Knie.

Nein, nein, sie schimmert nicht, sie glänzt!
Fürst Friedrich wird mit Laub bekränzt.

»Glänzt« – ist das schon das rechte Wort?
Laut lärmend zieht die Meute fort.

Halt! Fahlheit glänzt nicht, Fahlheit – na!
Moment – ist denn kein Fürst mehr da?

Wo ist der Fürst, verdammt noch mal?
Verlassen liegt der Krönungssaal,

aus dem nun auch noch der Poet –
ein Murmeln auf den Lippen – geht:

»Wie ist denn Fahlheit? Außer fahl?
Na ja. Egal. Ein andermal!«

Karl Valentin

Romanze in C-Moll

Es war ein Sonntag hell und klar,
Ein Sonntag, wirklich wunderbar,
Der Sonntag war so einzig schön,
Ich hab' nicht leicht an schöner'n g'sehn,
Es geht ei'm wirklich durch's Gemüt,
Wenn man an solchen Sonntag sieht.
Doch dauerte es gar nicht lang,
Weil bald der Abend kam heran,
Stockfinster wurd' es um mich her
Und so sah ich keinen Sonntag mehr.

Ein Auto stand an einem Eck
Und fuhr von seinem Platz nicht weg;
Ich tat's betrachten hin und her
Und wie von Stein war der Chauffeur.
Es roch auch gar nicht nach Benzin,
Ich griff dann mit dem Finger hin,
Da wurd' mir erst die Sache klar,
Daß das nur hingemalen war.
Das Auto, das stand immer stad,
's war nur ein großes Wandplakat.

An der elektrischen Straßenbahn,
Da hängt oft hint' ein Wagen dran,
Der Wagen, der da hängt daran,
Anhängewagen heißt er dann.
Er hängt daran nur dann und wann
An der elektrischen Straßenbahn,

Doch hängt er einmal nicht daran,
Was auch sehr oft stattfinden kann,
Dann kann es doch nicht anders sein,
Dann fährt der vord're Wagen »allein«.

Unbekannter Verfasser

Arithmetisches Sonett eines unglücklich liebenden Jägers

Wild heulen in der Brust des Jammers W 11,
Verschwunden ist des Friedens süße Pr 8;
Statt Liebesglanz umgibt mich dunkle N 8;
Ratlos verzweifl' ich, daß mir noch was h 11.

Die Liebste ist wie eine tückische 11,
Besiegt hat sie mein Herz mit starker M 8;
Und als ich ihr's gesagt, hat sie gel 8!
– Ich meint' zu hör'n des Höllenhunds Geb 11.

Mit meiner Hand faßt' ich gemütstie 4
Und schrie: »Ihr Nymphen, Feen und Ze 4,
Erweichet dieser Holden Herz von St 1!«

Sie sprach: »Aus einem anderen Re 4
Ein junges, schmuckes Bräutchen heim Dir 4;
Von mir holst' immer Dir ein höflich: 9!«

Jakob van Hoddis

Hymne

O Traum, Verdauung meiner Seele!
Elendes Combination womit ich vor Frost mich schütze
Zerstörer aller Dinge die mir Feind sind;
Aller Nachttöpfe,
Kochlöffel und Litfaßsäulen
O du mein Schießgewehr!
In purpurne Finsternis tauchst du die Tage
Alle Nächte bekommen violette Horizonte
Meine Großmama Pauline erscheint als Astralleib.
Und sogar ein Herr Sanitätsrat
Ein braver, aber etwas zu gebildeter
Sanitätsrat
Wird mir wieder amüsant.
Er taucht auf aus seiner efeuumwobenen Ruhestätte
– War es nicht soeben ein himmelblauer Ofenschirm?
[He, Sie da!]
Und gackt: »Sogar – – – «
Frei nach Friedrich von Schiller.
O Traum, Verdauung meiner Seele
O du mein Schießgewehr!
Gick! Gack!

Fred Endrikat

Sprichwörter

Man darf dem Tag nicht vor dem Abend dankbar sein
und soll das Schicksal nicht für alles loben.
Ein Gutes kommt niemals allein,
und alles Unglück kommt von oben.

Die Peitsche liegt im Weine.
Die Wahrheit liegt beim Hund.
Morgenstund hat kurze Beine.
Lügen haben Gold im Mund.

Ein Meister nie alleine bellt.
Vom Himmel fallen keine Hunde.
Dem Glücklichen gehört die Welt.
Dem Mutigen schlägt keine Stunde.

Joachim Ringelnatz

Abendgebet einer erkälteten Negerin

Ich suche Sternengefunkel.
All mein Karbunkel
Brennt Sonne dunkel.
Sonne drohet mit Stich.

Warum brennt mich die Sonne im Zorn?
Warum brennt sie gerade mich?
Warum nicht Korn?

Ich folge weißen Mannes Spur.
Der Mann war weiß und roch so gut.
Mir ist in meiner Muschelschnur
So negligé zu Mut.

Kam in mein Wigwam
Weit übers Meer,
Seit er zurückschwamm,
Das Wigwam
Blieb leer.

Drüben am Walde
Kängt ein Guruh – –
Warte nur balde
Kängurst auch du.

Joachim Ringelnatz

Liedchen

Die Zeit vergeht.
Das Gras verwelkt.
Die Milch entsteht.
Die Kuhmagd melkt.

Die Milch verdirbt.
Die Wahrheit schweigt.
Die Kuhmagd stirbt.
Ein Geiger geigt.

Joachim Ringelnatz

Mein harmlos Lied

In einem Untertäßchen
Voll Schnee und Rosenlikör
Erwachte das kleine Prinzeßchen.

Noch ganz verschlafen und ohne Gehör
Gewahrte sie mit Erröten
Auf ihren niedlichen Brüsten
Sechsundvierzig breite Warzenkröten,
Die sich gegenseitig auf den Podex küßten.
Und schrie, als sie sowas erblickte:
»Pfui Keks!« Woran sie erstickte.

Und nun ist in jeder Zeitung zu lesen:
Sie sei ein großer Schweinigel gewesen.

Joachim Ringelnatz

Kniehang

Ich wollte, ich wär' eine Fledermaus,
Eine ganz vertuschte, verlauste,
Dann hing ich mich früh in ein Warenhaus
Und flederte nachts und mauste,
Daß es Herrn Silberstein grauste,
Denn Meterflaus, Fliedermus, Fledermaus –
(es geht nicht mehr; mein Verstand läuft aus).

Klabund

Deutsches Volkslied

Es braust ein Ruf wie Donnerhall,
Daß ich so traurig bin.
Und Friede, Friede überall,
Das kommt mir nicht aus dem Sinn.

Kaiser Rotbart im Kyffhäuser saß
An der Wand entlang, an der Wand.
Wer nie sein Brot mit Tränen aß,
Bist du, mein Bayerland!

Wer reitet so spät durch Nacht und Wind?
Ich rate dir gut, mein Sohn!
Urahne, Großmutter, Mutter und Kind
Vom Roßbachbataillon.

O selig, o selig, ein Kind noch zu sein,
Von der Wiege bis zur Bahr!
Mariechen saß auf einem Stein,
Sie kämmte ihr goldenes Haar.

Sie kämmt's mit goldnem Kamme,
Wie Zieten aus dem Busch.
Sonne, du klagende Flamme:
Husch! Husch!

Der liebe Gott geht durch den Wald,
Von der Etsch bis an den Belt,

Daß lustig es zum Himmel schallt:
Fahr wohl, du schöne Welt!

Der schnellste Reiter ist der Tod,
Mit Juppheidi und Juppheida.
Stolz weht die Flagge Schwarzweißrot.
Hurra, Germania!

Kurt Schwitters

Ich sing mein Lied

Ich sing mein Lied in tiefen Raum,
man hört es kaum.
Es dringt hervor aus tiefer Brust,
mir unbewußt.
Es singt Dir eine Melodie,
jetzt oder nie.
Hast Du mich nun noch nicht erhört,
bin ich empört
Und trinke Lindenblütentee,
der mildert Weh,
Und frage mich: »Was bist denn Du,
Du alte Kuh?«

Joachim Ringelnatz

Volkslied

Wenn ich zwei Vöglein wär
Und auch vier Flügel hätt,
Flög die eine Hälfte zu dir.
Und die andere, die ging auch zu Bett,
Aber hier zu Haus bei mir.

Wenn ich einen Flügel hätt
Und gar kein Vöglein war,
Verkaufte ich ihn dir
Und kaufte mir dafür ein Klavier.

Wenn ich kein Flügel wär
(Linker Flügel beim Militär)
Und auch keinen Vogel hätt,
Flög ich zu dir.
Da's aber nicht kann sein,
Bleib ich im eignen Bett
Allein zu zwein.

Heinz Erhardt

Ein Volkslied

Wenn ich ein Mundschmiß* wär
und auch zwei Schaufeln hätt,
grüb ich mich ein.
Weil ich kein Mundschmiß bin
und keine Schaufeln hab,
laß ich es sein.

---

* Vom Volksmund auch »Maulwurf« genannt. Es ist aber unschicklich, ein Maul in den Mund zu nehmen! Auch habe ich den »Wurf« als unfein verworfen!

Ernst Meister

Pedantisch

Wenn ich ein Vöglein wär'
und auch zwei Flügel hätt',
flög' ich zu dir.
Weil's aber drei esind
oder auch vier esind ...
wart' mal, ich zähl'.

Erich Eckstein

Dithyrambus

Wie bin ich wundersam beglückt,
Ich höchst beneidenswerter Herr!
Das schönste Briefchen fing ich emp–,
Das je ein Mädchen faßte ver–!

Welch ungeheurer Wonnetraum,
Der lodernd mir im Busen brennt!
Bei allen Göttern schwör' ich's be–,
Nie sag' ich mehr der Liebe ent–!

Sie wortet ant-, das holde Kind,
Sie schreibt so wunderlieb und fromm;
Und was das Briefchen nicht erzählt,
Das Beste, das binier' ich kom–.

Ihr Genien, ach, spiriert mich in–!
Ich weiß vor Lust nicht wie und wo:
Das nahe Glück verwirrt mein Herz,
O Vater Zeus, tegier' mich pro–!

Klabund

Epitaph als Epilog

(für Bry)

Hier ruhen siebenundzwanzig Jungfrauen aus Stralsund,
Denen ward durch einen Interpreten des Dichters neueste Dichtung kund.
Die hat die empfindsamen Mädchenherzen so sehr begeistert,
Daß auch nicht eine mehr ihr Gefühl gemeistert.
Man hängte sich teils auf, teils ging man in die See.
Nur eine ging zum Dichter selbst. (Und zwar aufs Kanapee.)

Friedrich Schlegel

Proben der neuesten Poesie

1. *Griechisch*

Steil zumeist mir steinern versteigender Gott
Apollon ist. Der bleiern holprichte Wort-
klump bricht hervor mit Weh des Zahns, des Lesenden Lohn.
Knirschend anfangs zu kaun bemüht das Gedicht,
Ihm hängt es im Leim klebend, Kiesel-
steine des Buchbinders wie.

Aber vom Zahngrimmen Schmerz
Eilend freier geübt schon,
Braust im geflügelten Hirne
Bald des Hellenen schönere Sylbenwut.

2. *Altdeutsches Volkslied*

Es gehen zwei Butzemänner im Reich herum;
Mit der kleinen Kilikeia, mit der großen Kumkum.

Der eine klimpert um den Brei herum;
Bidibum auf der Trumm, bidibum, bidibum.

Der andre schaut sich nach den Fräulein um;
Mit der kleinen Kilikeia, mit der großen Kumkum.

Sie drehen sich beide recht artig herum;
Bidibum, bidibum.

Gute Nacht, Butzemänner, dreht euch weiter um!
Mit der kleinen Kilikeia, mit der großen Kumkum.

Wer hat dies feine Liedlein gemacht?
Es kamen entlang drei Enten den Bach,
Die haben dies feine Liedlein erdacht usw.

3. *Spanisch*

An dem Quell der Langenweile
Lag die Dichtkunst hingegossen.
Ihre Kinder, die Vokale,
Brachten große Wasserblumen;
Aus den Blumen Funken wurden,
Kleine Lichter funkelnd kamen,
Die zu Wasser bald erloschen,
Als Romanzen talwärts eilen,
Die nun fließen, die nun funkeln,
Auf des Klanges leichten Spuren.

4. *Das klare Geheimnis*

Vielseitigkeit wird auf des Lebens Gipfeln nur
Gefunden, wo des reinen Daseins heitres Nichts,
In zarter Redensarten klaren Schein verhüllt,
Auf schwankem Seil der Bildung hin und wieder spielt.
So red' und bilde dich, gebildet rede fort;
Doch was in Kunst, im Handeln, Reden du beginnst,
Es sei dir niemals ungebildet voller Ernst.

Gottfried Keller

Aus ihrem Leben: Dichtung und Wahrheit

1.

Ghasel

Seht den Poet, der immerdar erzählt von Lerchensang,
Wie er nun bald drei Dutzend schon gebratner
Lerchen schlang!
Bei Sonnenaufgang, als der Tag in Blau und Gold erglüht,
Da war es, daß sein Morgenlied vom Lob der
Lerchen klang;
Und nun bei Sonnenuntergang mit seinem Gabelspieß
Er sehnend in die Liederbrust gebratner Lerchen drang!
Das heiß' ich die Natur verstehn, allseitig, tief und kühn,
Wenn also auf und nieder sich sein Tag mit
Lerchen schwang!

2.

Konditor und Poet

Kennt ihr den Kleinkinderhimmel,
Wo als Gott der Zuckerbäcker
Waltet süß und hoch und herrlich,
In den Augen kleiner Schlecker?

O, zur Weihnachtszeit, wie flimmert,
Duftet rings es an den Wänden!
Welchen Schatz von Herrlichkeiten
Schütter er aus vollen Händen!

Läßt erblühen süße Blumen,
Weise streut er die Gewürze;
Schön steht ihm die hohe, weiße
Zipfelmütze, Wams und Schürze.

Doch wonach die guten Kinder
Schmachtend vor dem Laden stehen,
Muß dem Reichen, Allgewalt'gen
Reizlos durch die Hände gehen.

Einmal kaum im Jahr genießt er,
Aus Zerstreuung in dem Handel,
Flüchtig eine Zuckererbse
Und verächtlich eine Mandel!

Soll ich einen andern Himmel,
Samt den Göttern, noch beschreiben:
Samt den – Dichtern, die ihr Dichten
Just wie Zuckerbäcker treiben?

Zipfelmütze, weiße Schürze,
O wie nüchtern glänzet ihr!
Und wie mahnt ihr mich an weißes,
Reinliches – Konzeptpapier!

Friedrich Rückert

Märchen

Ich weiß ein schönes Märchen.
Es war ein schönes Pärchen,
Hieß Hänselchen und Klärchen,
Die pflückten Blum' und Ährchen,
Und aßen reife Beerchen.
Das Klärchen hatt' ein Härchen,
Das Hänselchen ein Scherchen;
Das war ein goldnes Härchen,
Und das ein silbern Scherchen.
Das Hänselchen nahm Klärchen,
Schnitt mit dem Silberscherchen
Ihr das goldne Härchen;
Da ging das goldne Härchen
Entzwei am Silberscherchen;
Da ging das Silberscherchen
Entzwei am goldnen Härchen.
Da weinte laut das Klärchen
Um ihr verlornes Härchen,
Und Hänschen mit dem Klärchen
Um sein zerbrochnes Scherchen;
Laut weinte das Pärchen
Um Härchen und Scherchen;
Gar viele, viele Zährchen.
Laut weinten Blum' und Ährchen
Und alle reifen Beerchen,
Zusammen mit dem Pärchen
Um Härchen und Scherchen.
Da saß im Busch ein Stärchen,

Das sah die vielen Zährchen,
Da sprach das kluge Stärchen:
Was weint ihr denn, ihr Närrchen?
Das Härchen und das Scherchen,
Die Zährchen und die Ährchen,
Die Beerchen, und du Pärchen,
Und ich dazu, das Stärchen,
Sind alles nur ein Märchen.

Hans Arp

drei greislein

drei greislein tanzen um die welt.
der erste zeigt stolz auf seinen letzten stockzahn.
der zweite hat den stockschnupfen.
der dritte ist stocktaub.

dennoch tanzen sie
als musizierten ohrenbetäubende gewitter
als wären sie von altem wein befruchtet
der kühl und aufrecht in heißem stroh lag.

sie tanzen daß ihre schlafittchen fliegen.
sie tanzen daß ihre schlapphüte fliegen.
sie tanzen daß ihre schlappschuhe fliegen.
sie tanzen daß ihre schlappschwänze fliegen.

Kurt Sigel

Märchen

Schneeputtel Drosselstilzche
hat e Läusefilzche
geerbt vom Rumpelwittche
im Kittche

Des Wittche lechts der Rapunzel
unner die Funzel
die gibts dem Allerleirösche
ins rauhe Heesje
von da kimmts zum Dornweißche

So dreht sichs im Kreische

Michael Ende

Ein sehr kurzes Märchen

Hänsel und Knödel,
die gingen in den Wald.
Nach längerem Getrödel
rief Hänschen plötzlich: »Halt!«

Ihr alle kennt die Fabel,
des Schicksals dunklen Lauf:
Der Hänsel nahm die Gabel
und aß den Knödel auf.

Hedwig Rohde

Es wird niemals sein

Die minnigen Schwestern
der grimmigen Brüder
schweigen vom feigen Schusterlein
und dem Fritz im Pech.
Rosendörnchen und Regenswattchen
verwandeln den Krötenkaiser
in einen Entenknecht.
Das Feuerstilzchen
ist noch kein Rumpenputtel.
Hänsel mir die Gretel nicht,
der Suchfisch tischt das Decklein,
Herr Unholle knüppelt das Säcklein,
und wenn sie geboren sind,
sterben sie erst morgen.

Ernst Jandl

mal franz mal anna (drama)

(akt)

anna an franz:

  anbrannt

franz an anna:

  fasttag

(akt)

anna an franz:

  hals kalt

franz an anna:

  schal

(akt)

anna an franz:

  bald alt

franz an anna

warts ab

(akt)

Anna:

[kratzt ab]

Franz:

Schad

Die hehre Wissenschaft

Viktor von Scheffel

Der erratische Block

Einst ziert' ich, den Äther durchspähend,
Als Spitze des Urgebirgs Stock,
Ruhm, Hoheit und Stellung verschmähend,
Ward ich zum erratischen Block.

Man sagt, wenn's dem Denker zu wohl ist,
So wagt er sich kecklich aufs Eis:
Mir winkten, wo's klüftig und hohl ist,
Schneejungfrau'n, verführend und weiß.

Doch als ich mit Poltern und Lärmen
Abstürzend aufs Firnfeld mich hub,
Verbüßt' ich mein jugendlich Schwärmen
Mit tausendjährigem Schub.

Scharf wies mir der Gletscher die Zähne:
»Hier, Springsinsland, wirst du poliert,
Und im Schutt meiner großen Moräne
Als Fremder talab transportiert.«

Geritzt und gekritzt und geschoben
Entrollt' ich in spaltige Schluft,
Ward stoßweis nach oben gehoben,
Gewälzt und gepufft und geknufft.

Da bleib' Einer sauber und munter
In solchem Gerutsch und Geschlamm;
... Ich kam immer tiefer herunter,
Bis der Eiswall ins Urmeer zerschwamm.

Und der spielt die traurigste Rolle,
Dem die Basis mit Grundeis ergeht
Ich wurde auf treibender Scholle
In des Ozeans Brandung verweht.

Plimp, plump! Da ging ich zugrunde,
Lag elend versunken und schlief,
Bis in spät erst erlösender Stunde
Sich Gletscher und Sündflut verlief.

Den entwässerten Seegrund verklärte
Die Sonne mit wärmerem Strahl,
Und mit der Rhinozerosherde
Spazierte das Mammut durchs Tal.

Nun lagern wir Eiszeitschubisten
Nutzbringend als steinerne Saat
Und dienen dem Heiden wie Christen
Als Baustoff für Kirche und Staat.

* * *

Dies Lied ist zwei Forschern gelungen
Im Gau zwischen Aare und Reuß;
Das Wirtshaus, in dem sie es sungen,
War ganz von erratischem Gneus.

Sie sungen es ernst und dramatisch
In die Findlinglandschaft hinein
Und schoben sich selbst dann erratisch
Mit Holpern und Stolpern vom Wein.

Viktor von Scheffel

Der Ichthyosaurus

Es rauscht in den Schachtelhalmen,
Verdächtig leuchtet das Meer,
Da schwimmt mit Tränen im Auge
Ein Ichthyosaurus daher.

Ihn jammert der Zeiten Verderbnis,
Denn ein sehr bedenklicher Ton
War neuerlich eingerissen
In der Liasformation.

»Der Plesiosaurus, der Alte,
Er jubelt in Saus und Braus,
Der Pterodactylus selber
Flog neulich betrunken nach Haus.

Der Iguanodon, der Lümmel,
Wird frecher zu jeglicher Frist,
Schon hat er am hellen Tage
Die Ichthyosaura geküßt.

Mir ahnt eine Weltkatastrophe,
So kann es ja länger nicht gehn;
Was soll aus dem Lias noch werden,
Wenn solche Dinge geschehn?«

So klagte der Ichthyosaurus,
Da ward es ihm kreidig zumut;

Sein letzter Seufzer verhallte
Im Qualmen und Zischen der Flut.

Es starb zu derselbigen Stunde
Die ganze Saurierei,
Sie kamen zu tief in die Kreide,
Da war es natürlich vorbei.

Und der uns hat gesungen
Dies petrefaktische Lied,
Der fand's als fossiles Albumblatt
Auf einem Kropolith.

Viktor von Scheffel

Guano

Ich weiß eine friedliche Stelle
Im schweigenden Ozean,
Kristallhell schäumet die Welle
Am Felsengestade hinan.
Im Hafen erblickst du kein Segel,
Keines Menschen Fußtritt am Strand;
Viel tausend reinliche Vögel
Hüten das einsame Land.

Sie sitzen in frommer Beschauung,
Kein einz'ger versäumt seine Pflicht;
Gesegnet ist ihre Verdauung
Und flüssig als wie ein Gedicht.
Die Vögel sind all Philosophen,
Ihr oberster Grundsatz gebeut:
Den Leib halt' allezeit offen
Und alles andre gedeiht.

Was die Väter geräuschlos begonnen,
Die Enkel vollenden das Werk;
Geläutert von tropischen Sonnen
Schon türmt es empor sich zum Berg.
Sie sehen im rosigsten Lichte
Die Zukunft und sprechen in Ruh':
»Wir bauen im Lauf der Geschichte
Noch den ganzen Ozean zu.«

Und die Anerkennung der Besten
Fehlt ihren Bestrebungen nicht,
Denn fern im schwäbischen Westen
Der Böblinger Repsbauer spricht:
»Gott segn' euch, ihr trefflichen Vögel,
An der fernen Guanoküst', –
Trotz meinem Landsmann, dem Hegel,
Schafft ihr den gediegensten Mist!«

Viktor von Scheffel

Das Hildebrandlied

Hildebrand und sein Sohn Hadubrand,
Hadubrand,
Ritten selbander in Wuth entbrannt,
Wuth entbrannt
Gegen die Seestadt Venedig.

Hildebrand und sein Sohn Hadubrand,
Hadubrand,
Keiner die Seestadt Venedig fand,
Venedig fand,
Da schimpften die beiden unflätig.

Hildebrand und sein Sohn Hadubrand,
Hadubrand,
Ritten bis da, wo ein Wirtshaus stand,
Wirtshaus stand,
Wirtshaus mit kühlen Bieren.

Hildebrand und sein Sohn Hadubrand,
Hadubrand,
Trunken sich beid' einen Riesenbrand,
Riesenbrand,
Krochen heim auf allen Vieren.

Ludwig Eichrodt

Die Geschichte vom Tamerlan

(Ein akademischer Unsinn)

Es war gerad in Asien,
Wo der geboren ward,
Der da das Stift St. Blasien
Gar nicht gestiftet hat.

Im Gegentheil, er hätte
Es grausamlich zerstört,
Und jede faule Mette
Hätt' elend aufgehört.

Von dem ich heute spreche,
Das war der Tamerlan,
War eingehüllt in Bleche
Vom Zeh bis an den Zahn.

Sein Vater war Tscheptschaptschin,
und Graf der Mongolei,
Sein' Mater war Tartarin,
Sein Kater hieß Gei Gei.

Als er geboren wurde,
Da ward der Himmel roth,
Drum sprach ein alter Kurde:
Der schlenkert Alles todt.

So ist es auch gewesen,
Ein Kerl, wie eine Schlacht;
Und manches schöne Wesen
Hat er in's Unglück 'bracht.

Das war in seiner Jugend,
Doch als er älter war,
Bekam er die Untugend
Der Trunksucht schauderbar.

Dann that in seinem Rausche
Umbringen er die Welt,
Er hat die Köpf' im Bausche
Und Bogen nur gezählt.

In Isp'han bei den Mädel
Macht er elend Furor;
Aus drei Millionen Schädel
Richt' er Saul empor.

Das Morden macht ihn schläfrig,
Den Sultan Bajazet
Stellt er in einem Käfig
Zum Spasse vor sein Bett.

Am End, wie sich's gehöret,
Hat er sich umgebracht;
Weil Niemand mir es wehret,
Hab' ich dieß Lied gemacht.

Christian Morgenstern

Die zwei Parallelen

Es gingen zwei Parallelen
ins Endlose hinaus,
zwei kerzengerade Seelen
und aus solidem Haus.

Sie wollten sich nicht schneiden
bis an ihr seliges Grab:
Das war nun einmal der beiden
geheimer Stolz und Stab.

Doch als sie zehn Lichtjahre
gewandert neben sich hin,
da ward's dem einsamen Paare
nicht irdisch mehr zu Sinn.

War'n sie noch Parallelen?
Sie wußten's selber nicht, –
sie flossen nur wie zwei Seelen
zusammen durch ewiges Licht.

Das ewige Licht durchdrang sie,
da wurden sie eins in ihm;
die Ewigkeit verschlang sie,
als wie zwei Seraphim.

Joachim Ringelnatz

Die neuen Fernen

In der Stratosphäre,
links vom Eingang, führt ein Gang
(wenn er nicht verschüttet wäre)
sieben Kilometer lang
bis ins Ungefähre.

Dort erkennt man weit und breit
nichts. Denn dort herrscht Dunkelheit.
Wenn man da die Augen schließt,
und sich langsam selbst erschießt,
dann erinnert man sich gern
an den deutschen Abendstern.

Edwin Bormann

Der alte Marabu

Im Schneegebirge Hindukuh
Da sitzt ein alter Marabu
Auf einem Fels von Nagelfluh
Und drückt das rechte Auge zu.
Weshalb wohl, fragst du, Leser, nu,
Weshalb wohl sitzt der Marabu
Im Schneegebirge Hindukuh
Auf einem Fels von Nagelfluh
Und drückt das rechte Auge zu?
Hab' Dank, o lieber Leser du,
Für dein Interess' am Marabu!
Allein weshalb im Hindukuh
er drückt das rechte Auge zu
Auf einem Fels von Nagelfluh –
Weiß ich so wenig als wie du!

Robert Gernhardt

Kleine Erlebnisse großer Männer

Kant

Eines Tags geschah es Kant,
daß er keine Worte fand.

Stundenlang hielt er den Mund,
und er schwieg nicht ohne Grund.

Ihm fiel absolut nichts ein,
drum ließ er das Sprechen sein.

Erst als man zum Essen rief,
wurd' er wieder kreativ,

und er sprach die schönen Worte:
»Gibt es hinterher noch Torte?«

Bismarck

Als Bismarck eines Nachts erwachte,
da stand ein Hund auf seinem Bett,
und als er den entgeistert fragte,
was er auf ihm zu suchen hätt',
da sprach der Hund, er hab' sich in der Tür,
es tät ihm leid, er könne nichts dafür,
da hab' er sich – und nun schwieg er verwirrt –,
»Geirrt«, ergänzte Bismarck barsch, »geirrt!«

Steiner

Steiner sprach zu Thomas Mann:
»Zieh dir mal dies Leibchen an!«
Darauf sagte Mann zu Steiner:
»Hast du's auch 'ne Nummer kleiner?«

Kafka sprach zu Rudolf Steiner:
»Von euch Jungs versteht mich keiner!«
Darauf sagte Steiner: »Franz,
ich versteh' dich voll und ganz!«

Steiner sprach zu Hermann Hesse:
»Nenn mir sieben Alpenpässe!«
Darauf fragte Hesse Steiner:
»Sag mal Rudolf, reicht nicht einer?«

Tierleben

Alois Blumauer

Ode auf das Schwein

Heil dir, geborstetes
Ewig geworstetes,
Dutzend geborenes,
Niemals geschorenes,
Liebliches Schwein.

Dichter begeisterst du,
Eicheln bemeisterst du,
Alles verzehrest du,
Christen ernährest du,
Gütiges Schwein.

Heil dir drum, ewiges,
Immerfort schäbiges,
Niemals gereinigtes,
Vierfach gebeinigtes,
Liebliches Schwein.

Viktor von Scheffel

Eine traurige Geschichte

Ein Hering liebt' eine Auster
Im kühlen Meeresgrund;
Es war sein Dichten und Trachten
Ein Kuß von ihrem Mund.

Die Auster, die war spröde,
Sie blieb in ihrem Haus;
Ob der Hering sang und seufzte,
Sie schaute nicht heraus.

Nur eines Tages erschloß sie
Ihr duftig Schalenpaar;
Sie wollt' im Meeresspiegel
Beschauen ihr Antlitz klar.

Schnell kam der Hering geschwommen,
Streckt seinen Kopf herein
Und dacht' an einem Kusse
In Ehren sich zu freun!

O Harung, armer Harung,
Wie schwer bist du blamiert!
– Sie schloß in Wut die Schalen,
Da war er guillotiniert.

Jetzt schwamm sein toter Leichnam
Wehmütig im grünen Meer
Und dacht': »In meinem Leben
Lieb' ich keine Auster mehr!«

Emanuel Geibel

Krokodilromanze

Ich bin ein altes Krokodil
Und sah schon die Osirisfeier;
Bei Tage sonn' ich mich im Nil,
Bei Nacht am Strande leg' ich Eier.

Ich weiß mit list'gem Wehgekreisch
Mir stets die Mahlzeit zu erwürken;
Gewöhnlich freß' ich Mohrenfleisch
Und sonntags manchmal einen Türken.

Und wenn im gelben Mondlicht rings
Der Strand liegt und die Felsenbrüche,
Tanz' ich vor einer alten Sphinx
Und lausch' auf ihrer Weisheit Sprüche.

Die Klauen in den Sand gepflanzt,
Tiefsinnig spricht sie: Tochter Thebens,
Friß nur was du verdauen kannst!
Das ist das Rätsel deines Lebens.

Hermann Lingg

Das Krokodil

Im heil'gen Teich zu Singapur
Da liegt ein altes Krokodil
Von äußerst grämlicher Natur
Und kaut an einem Lotosstiel.

Es ist ganz alt und völlig blind,
Und wenn es einmal friert des Nachts,
So weint es wie ein kleines Kind,
Doch wenn ein schöner Tag ist, lacht's.

Unbekannte Verfasser

Stumpfsinnsverse

Auf das Kamel
Sieh' niemals scheel,
Am Herzen, da laß es dir liegen,
Von früh bis spat
Zwei Höcker es hat,
Mit dem Schwanz vertreibt es die Fliegen.

Der Papagei
Macht viel Geschrei,
Und manchmal, da ist er auch stille.
Die Mamagei
Sie legt ihr Ei
Und gebraucht dazu keine Brille.

Ach wie so brav
Ist doch das Schaf,
Von allen Tieren auf Erden.
Es zeichnet sich aus,
Jahrein und jahraus,
Durch Stumpfsinn und heit're Gebärden.

Das Zebra ist,
Wie alle ihr wißt,
Eins der gestreiftesten Tiere,
Es hat nicht zwei,
Nicht Beine drei,
Es hat ja der Beine viere.

Der Ziegelstein
Ist nie allein,
Man findet ihn meistens zu vielen,
Und ist er allein,
So ist er wahrschein-
Lich irgendwo liegen geblieben.

Joachim Ringelnatz

Blindschl

Ich hatte einmal eine Liebschaft mit
Einer Blindschleiche angefangen;
Wir sind ein Stück Leben zusammen gegangen
Im ungleichen Schritt und Tritt.

Die Sache war ziemlich sentimental.
In einem feudalen Thüringer Tal
Fand ich – nein glaubte zu finden – einmal
Den ledernen Handgriff einer
Damenhandtasche. Es war aber keiner.

Ich nannte sie »Blindschl«. Sie nannte mich
Nach wenigen Tagen schon »Eicherich«
Und dann, denn sie war sehr gelehrig,
Verständlicher abgekürzt »Erich«.

Allmittags haben gemeinsam wir
Am gleichen Tische gegessen,
Sie Regenwürmer mit zwei Tropfen Bier,
Ich totere Delikatessen.

Sie opferte mir ihren zierlichen Schwanz.
Ich lehrte sie überwinden
Und Knoten schlagen und Spitzentanz,
Schluckdegen und Selbstbinder binden.

Sie war so appetitlich und nett,
Sie schlief Nacht über in meinem Bett

Als wie ein kühlender Schmuckreif am Hals,
Metallisch und doch so schön weichlich.
Und wenn ihr wirklich was schlimmstenfalls
Passierte, so war es nie reichlich.

Kein Sexuelles und keine Dressur.
Ich war ihr ein Freund und ein Lehrer,
Was keiner von meinen Bekannten erfuhr;
Wer mich besuchte, der sah sie nur
Auf meinem Schreibtisch steif neben der Uhr
Als bronzenen Briefbeschwerer.

Und Jahre vergingen.
Dann schlief ich einmal
Mit Blindschl und träumte im Betti
(Jetzt werde ich wieder sentimental)
Gerade, ich äße Spaghetti.

Da kam es, daß irgendwas aus mir pfiff.
Mag sein, daß es fürchterlich krachte.
Fest steht, daß Blindschi erwachte
Und – sie, die sonst niemals nachts muckte –
Wild züngelte, daß ich nach ihr griff
Und sie, noch träumend, verschluckte.

Es gleich zu sagen: Sie ging nicht tot.
Sie ist mir wieder entwichen,
Ist in die Wälder geschlichen
Und sucht dort einsam ihr tägliches Brot.

Vorbei! Es wäre – ich bin doch nicht blind –
Vergebens, ihr nachzuschleichen.
Weil ihre Wege zu dunkel sind.
Weil wir einander nicht gleichen.

Joachim Ringelnatz

An einem Teiche

An einem Teiche
Schlich eine Schleiche,
Eine Blindschleiche sogar.
Da trieb ein Etwas ans Ufer im Wind.
Die Schleiche sah nicht, was es war,
Denn sie war blind.
– –
Das dunkle Etwas aber war die Kindsleiche
Einer Blindschleiche.

Joachim Ringelnatz

Die Ameisen

In Hamburg lebten zwei Ameisen,
Die wollten nach Australien reisen.
Bei Altona auf der Chaussee
Da taten ihnen die Beine weh,
Und da verzichteten sie weise
Dann auf den letzten Teil der Reise.

So will man oft und kann doch nicht
Und leistet dann recht gern Verzicht.

Christian Morgenstern

Der Rabe Ralf

Der Rabe Ralf
      will will hu hu
dem niemand half
      still still du du
half sich allein
am Rabenstein
      will will still still
      hu hu

Die Nebelfrau
      will will hu hu
nimmt's nicht genau
      still still du du
sie sagt nimm nimm
's ist nicht so schlimm
      will will still still
      hu hu

Doch als ein Jahr
      will will hu hu
vergangen war
      still still du du
da lag im Rot
der Rabe tot
      will will still still
      du du

Christian Morgenstern

Das ästhetische Wiesel

Ein Wiesel
saß auf einem Kiesel
inmitten Bachgeriesel.

Wißt ihr,
weshalb?

Das Mondkalb
verriet es mir
im Stillen:

Das raffinier-
te Tier
tat's um des Reimes willen.

Christian Morgenstern

Das Gebet

Die Rehlein* beten zur Nacht,
hab acht!

Halb neun!

Halb zehn!

Halb elf!

Halb zwölf!

Zwölf!

Die Rehlein beten zur Nacht,
hab acht!
Sie falten die kleinen Zehlein,
die Rehlein.

---

* Reh: (Cervus capreolus L.), aus der Familie der Hirsche, 1,25 m lang bis 30 kg schwer, in Europa bis 58° nördl. Breite, auch in Asien. Vgl. Dombrowski (1876), Eulefeld (1896).

Christian Morgenstern

Anto-logie

Im Anfang lebte, wie bekannt,
als größter Säuger der *Gig*-ant.

Wobei *gig* eine Zahl ist, die
es nicht mehr gibt, – so groß war sie!

Doch jene Größe schwand wie Rauch.
Zeit gab's genug – und Zahlen auch.

Bis eines Tags, ein winzig Ding,
der *Zwölef*-ant das Reich empfing.

Wo blieb sein Reich? Wo blieb er selb? –
Sein Bein wird im Museum gelb.

Zwar gab die gütige Natur
den *Elef*-anten uns dafur.

Doch ach, der Pulverpavian,
der Mensch, voll Gier nach seinem Zahn,

erschießt ihn, statt ihm Zeit zu lassen,
zum *Zehen*-anten zu verblassen.

O »Klub zum Schutz der wilden Tiere«,
hilf, daß der Mensch nicht ruiniere

die Sprossen dieser Riesenleiter,
die stets noch weiter führt und weiter!

Wie dankbar wird der Ant dir sein,
läßt du ihn wachsen und gedeihn, –

bis er dereinst im Nebel hinten
als *Nulel*-ant wird stumm verschwinden.

Christian Morgenstern

Das Nasobēm

Auf seinen Nasen schreitet
einher das Nasobēm,
von seinem Kind begleitet.
Es steht noch nicht im Brehm.

Es steht noch nicht im Meyer.
Und auch im Brockhaus nicht.
Es trat aus meiner Leyer
zum ersten Mal ans Licht.

Auf seinen Nasen schreitet
(wie schon gesagt) seitdem,
von seinem Kind begleitet,
einher das Nasobēm.

Christian Morgenstern

Der Werwolf

Ein Werwolf eines Nachts entwich
von Weib und Kind und sich begab
an eines Dorfschullehrers Grab
und bat ihn: »Bitte, beuge mich!«

Der Dorfschulmeister stieg hinauf
auf seines Blechschilds Messingknauf
und sprach zum Wolf, der seine Pfoten
geduldig kreuzte vor dem Toten:

»Der Werwolf« – sprach der gute Mann,
»des Weswolfs, Genitiv sodann,
dem Wemwolf, Dativ, wie man's nennt,
den Wenwolf, – damit hat's ein End«.

Dem Werwolf schmeichelten die Fälle,
er rollte seine Augenbälle.
»Indessen«, bat er, »füge doch
zur Einzahl auch die Mehrzahl noch!«

Der Dorfschulmeister aber mußte
gestehn, daß er von ihr nichts wußte.
Zwar Wölfe gäb's in großer Schar,
doch »Wer« gäb's nur im Singular.

Der Wolf erhob sich tränenblind –
er hatte ja doch Weib und Kind!!
Doch da er kein Gelehrter eben,
so schied er dankend und ergeben.

James Krüss

Der gereimte Löwe

Ein Löwe, groß und fürchterlich,
Begann vor Wut zu weinen:
Er suchte einen Reim auf sich,
Doch leider fand er keinen.

Er lief durchs ganze Afrika
(Am Tag oft zwanzig Stunden)
Und fraß so manchen Dichter da,
Der keinen Reim gefunden.

Am Kap der Guten Hoffnung, ach,
War Afrika zu Ende.
Allein er dachte weiter nach,
Wie er ein Reimwort fände.

Er saß betrübt am Meeresstrand,
Wo wilde Wellen schäumen,
Bedenkend, daß sich rings im Land
Fast alle Tiere reimen.

Es reimt sich, sprach er, Kuh auf Gnu
Und Stiere auf Vampire.
Auch Marabu und Känguruh
Sind reimverwandte Tiere.

Warum reimt sich der Löwe nicht?
Soll er stets reimlos bleiben?
Wird niemals jemand ein Gedicht
Mit Löwenreimen schreiben?

Der arme Löwe saß und sann,
Im Ufersande schabend.
Da kam ein weißer Vogel an
Und sagte: Guten Abend!

Laß mich allein! Entferne dich!
Erwiderte der Löwe.
Ich suche einen Reim auf mich.
Da sprach der Vogel: Möwe!

Zwar reimt sich, sprach sie, Hunz auf Kunz
Und andre dumme Sachen;
Jedoch auch wir zwei reimen uns.
Und sie fing an zu lachen.

Der Löwe lachte ebenfalls
Und raste vor Entzücken.
Er fiel der Möwe um den Hals,
Als wollt' er sie erdrücken.

Er rief: Ich habe einen Reim!
Hoch lebe jede Möwe!
Jetzt kehre ich beruhigt heim
Als der gereimte Löwe.

Seitdem sagt jedes Löwenkind
Zu jeder Möwe Tante,
Weil sie doch jetzt Verwandte sind
Zumindest Reimverwandte.

Curt Seibert

Die blinde Schleiche

Ein Fuchs spaziert an einem Teiche,
Da fand er eine blinde Schleiche.
Er sprach: »Das ist ja wunderbar!«
Und fraß sie auf mit Haut und Haar.

Nun saß die Schleiche in dem Magen,
Mit Blindheit sowieso geschlagen,
Und dacht': Wie soll ich hier entweichen?
Ich seh zwar nichts, doch kann ich schleichen.

Alsbald begab sich schleicherweise
Die blinde Schleiche auf die Reise
Und schlich sich ohne viele Worte
Ins Freie durch die Hinterpforte.

Der Fuchs jedoch, der ärgert sich,
Daß man ihn derart hinterschlich,
Und fraß mit innerlicher Qual
Das schleiche Tier zum zweitenmal.

Nun saß sie wieder in dem Magen.
Das konnte sie sehr schlecht vertragen.
Doch diesmal nützte ihr kein Schleichen,
Sie konnte hinten nicht entweichen.

Denn unser Fuchs als kluges Tier
Drückt rückwärts sich an eine Tür
Und sagte zu der innren Schleiche:
»Entweiche, wenn du kannst, entweiche!«

So saß sie weiterhin im Magen
Und sagte: »Das ist nicht zu sagen.«
Dann schlich sich ohne viele Worte
Die Schleiche durch die Vorderpforte.

Dies Hinten-Vorne-Schleiche-Spiel,
Das wurde selbst dem Fuchs zuviel.
Er fraß mit innerlicher Qual
Das schleiche Tier zum drittenmal.

Jetzt schlug die blinde Schleiche Lärm,
Sie jagt durch Magen und Gedärm,
Damit der Fuchs nicht wissen sollte,
Wo schleichend sie entweichen wollte.

Der Fuchs in sinniger Erfindung
Bracht' beide Pforten in Verbindung.
Dann sagt er zu der Schleiche: »Schnell!
Wenn du jetzt willst, fahr Karussell.«

Heinz Erhardt

Die Made

Hinter eines Baumes Rinde
wohnt die Made mit dem Kinde.

Sie ist Witwe, denn der Gatte,
den sie hatte, fiel vom Blatte.
Diente so auf diese Weise
einer Ameise als Speise.

Eines Morgens sprach die Made:
»Liebes Kind, ich sehe grade,
drüben gibt es frischen Kohl,
den ich hol. So leb denn wohl!
Halt, noch eins! Denk, was geschah,
geh nicht aus, denk an Papa!«

Also sprach sie und entwich. –
Made junior aber schlich
hinterdrein; und das war schlecht!
Denn schon kam ein bunter Specht
und verschlang die kleine fade
Made ohne Gnade. Schade!

Hinter eines Baumes Rinde
ruft die Made nach dem Kinde …

Wilhelm Höck

Viechersoiree

Nach Vogelhochzeit und Valentins Karneval der Tiere

Die Schlange, die Schlange
Wartet aufs Essen lange.

Das Nashorn, das Nashorn
Das ist ganz plötzlich blaß worn.

Das Nilpferd, das Nilpferd
Das hat beim Ober sich beschwert.

Die Eule, die Eule
Lehnt grämlich an der Säule.

Der Floh, der Floh
Sitzt unwahrscheinlich oft am Klo.

Der Pinguin, der Pinguin
Läuft einmal her und einmal hin.

Dem Zebra seine Base
Hat eine schwache Blase.

Der Löwe und der Tiger
Die fressen einen Flieger.

Der Specht, der Specht
Philosophiert nur schlecht und recht.

Der g'schenkte Gaul, der g'schenkte Gaul
Schaut ausnahmsweis sich selbst ins Maul.

Das Wasserschwein, das Wasserschwein
Hat hinten rechts und links ein Bein.

Der Pavian, der Pavian
Steht an der Garderobe an.

Der Rhesus, der Rhesus
Steigt eben aus dem Omnibus.

Der Biber, der Biber
Geht zur Kapelle 'nüber.

Das Krokodil, das Krokodil
Findet die Atmosphäre schwül.

Die Eidechse, die Eidechse
Geht erst am Früh um sechse.

Das Adachsel, das Adachsel
Schwitzt unter seiner Achsel.

Der Pfau, der Pfau
Bestellt Kakao für seine Frau.

Der Igel, der Igel
Kämmt sich vorm Taschenspiegel.

Der Kabeljau, der Kabeljau
Kommt nicht gebacken, sondern blau.

Die Forelle, die Forelle
Trinkt schon das elfte Helle.

Der Regenwurm, der Regenwurm
Verzieht beim Tanzen seine Furm.

Der Elefant, der Elefant
bezahlt sich mit der linken Hand.

Der Seestern, der Seestern
Möcht' auch einmal beachtet wern.

Der Lerche, der Lerche
Der stehn die Haar zu Berche.

Die Unke, die Unke
Tunkt Brot in Bratentunke.

Das Maultier, das Maultier
Erweist sich hier als Faultier.

Die Kröte, die Kröte
Hat ihre eignen Nöte.

Dem Affen seine zweite Frau
Wird aus dem ganzen Ball nicht schlau.

Der Auerhahn, der Auerhahn
Löscht seinen Durst am Wasserhahn.

Die Füchse, die Füchse
Ham sich geschminkt mit Schuhwichse.

Der Dachs, der Dachs
Glänzt wie poliert mit Bohnerwachs.

Die Blattlaus, die Blattlaus
Sieht angestrengt und matt aus.

Der Wellnsittich, der Wellnsittich
Bestellt den zweiten Bienenstich.

Der Papagei, der Papagei
Verzehrt sein Papag-Spiegel-Ei.

Das Josef-in, das Josef-in
Geht einem niemals aus dem Sinn.

Der Hühnerhund, der Hühnerhund
Ist heute abnd nicht recht xund.

Die Dogge, die Dogge
Geht stündlich in die Hocke.

Das Wiesel, das Wiesel
Das schläft um zwölf ein biessel.

Der Iltis, der Iltis
Gewinnt das große Viecherquiz.

Das Barnicol, das Barnicol
Spricht heut besonders schönheitsvoll.

Das Heimchen, das Heimchen
Geht bald schon wieder heimchen.

Der Weinbergschneck, der Weinbergschneck
Hat hinten einen Leberfleck.

Der Rehbock, der Rehbock
Hat ein Gipsbein und geht am Stock.

Das Murmeltier, das Murmeltier
Speibt auf das süße Preußenbier.

Der Stier, der Stier
Geht durch das Fenster statt der Tür.

Dem Zottelbär, dem Zottelbär
Passiert ein menschliches Malheur.

Bruno Horst Bull

Seltsame Tiere

Ein Katzer, eine Katerin,
die sahen einen Euler,
der speiste einen Maulewurf
in einem stillen Weiler.

Der Zieger sprach zum Hammelin:
»Ich sah die Hengstin schön
mit ihrem Stuter heute früh
im Wald spazieren gehn!«

Die Stierin und die Eberin,
die trafen einen Sauer,
und sagten ihm: »Geh in den Stall,
sonst holen wir den Bauer!«

Die Hahnin flog aufs Schuppendach
und krähte nach dem Henner. –
Ich glaube, diese Tiere sind
für Schlaue nur und Kenner.

Peter Hacks

Nachricht vom Leben der Spazoren

Bei Asien gleich querfeldein,
Da leben die Spazoren.
Die haben Rüssel wie ein Schwein
Und tellergroße Ohren.

Von Tokio bis nach Athen
Gibts keine mehr wie diese.
Man sieht sie bloß spazierengehn
Auf einer gelben Wiese.

Sie haben Rosen angebaut
Wohl auf dem gelben Rasen.
Sie schnobern am Lavendelkraut
Und pflückens mit den Nasen.

Nie gibt es eine Hungersnot,
Und kein Spazor kann kochen:
Sie brauchen gar kein Abendbrot,
Wenn sie sich satt gerochen.

Kommt dort einmal ein Regen vor,
Vielleicht auf einer Kirmes,
Dann heben sie das rechte Ohr
Statt eines Regenschirmes.

Und kommt ein harter Winter mal,
Und friert das Eis und prickelt,
Dann gehn sie, statt in einen Schal,
Ins rechte Ohr gewickelt.

So brauchen sie zu darben nicht
Und brauchen nicht zu frieren
Und gehen ledig jeder Pflicht
Spazoren, nein: spazieren.

Einst kam ein Doktor hochgelahrt
Zum Lande der Spazoren.
Sie wünschten ihm vergnügte Fahrt
Und winkten mit den Ohren.

Paul Maar

Jaguar und Neinguar

Jaguar und Neinguar
die trafen sich im Februar
(am Freitag, um halb sieben)
in einem alten Labyrinth.
Und wenn sie nicht gegangen sind,
dann sind sie dort geblieben!

Karlhans Frank

Im Dichterzoo

Kakaich und Kakadu,
Kängulärm und Känguruh,
Müllers Esel, bunte Kuh
hören gern Gedichten zu.

Walroß, Seepferd, Dromedar
und die ganze Pferdeschar,
Assel, Drossel, Stink und Zar
lauschen Reimen immerdar.

Braunbär, Brommbär, Himbär und
Stachelschwein, wenn es gesund,
Meerschwein, Seelöwe und Hund
hängen an des Dichters Mund.

Papagei und Mamagei,
Opagei und Omagei,
Uruguay und Babybrei
sind beim Vorlesen dabei.

Für die Flunder wie fürn Plunder
und fürn runden Kugelzunder,
Fundevogel, Vogelfunder
sind Geschichten wie ein Wunder.

Zehne-, Elfe-, Zwölfefänder,
Altsuchstädter, Neufundländer,
Achtpfundpfänder, Tausendhänder
wollen dicke Bücherbänder.

Murmel-, Marmel-, Quasseltier,
blauer Tiger, grüner Stier,
Wanderfalk und Wandernier
lieben Verse auf Papier.

Eichhorn, Einhorn, Eishornfrau,
Kabelnee, auch Kabeljau,
Buchfink, Heftfink, Schmierfink, Pfau
werden durch Gedrucktes schlau.

Auerhahn und Wasserhahn,
Löffelhas mit Löwenzahn,
gar der Schwan mit seinem Kahn
liebt Gedichte bis zum Wahn.

Ameis, Bemeis, Blaumeis, Specht,
Rollermops und toller Hecht,
Weberknecht wie Stiefelknecht
schreien: »Bücher sind uns recht!«

Fritz Vahle

Stockfisch

Im Grunde
Vom Sunde
Schwimmt ein Kabeljau
Mit seiner Frau.
Sie entdecken ein Kabel.
Machen nicht Nabelschau
Sondern Kabelschau,
Und der Kabeljau schlau
Erzählt eine Fabel
Von diesem Kabel
Der Kabeljau-Frau
In Form der Parabel.
Doch sie sagt nur: »jau«.

Fritz Vahle

Störung

Eine Miesmuschel
Machte mit ihrem Getuschel
Alles mies.
Damit sie dies unterließ,
Schluckte ein Stör sie
Und sagte: ich hör die
Im Magen noch schwätzen.
Bei der Anhörung
– Für mich Stör eine Störung
Erfaßt mich Entsetzen.
Ich sag' nur noch dies:
Mir wird ganz mies.

Unbekannter Verfasser

O du alter Kakadu

O du alter Kakadu!
Stets gedenk ich Kakadeiner,
Ich mißtraue Kakadir,
Und verwünsche Kakadich.

Mascha Kaléko

aus: Der Papagei, die Mamagei und andere komische Tiere

Der Flamingo

Ich traf einmal – in San Domingo
Am Meeresstrande 'nen Flamingo.
Gewiß, der Ort ist recht entlegen.
Doch war es dort! Des Reimes wegen.

Der leichtbeschwingte Papagei

Es hat ein jeder Papagei
'ne angetraute Mamagei.
Doch geht er fremd, sagt sie: »Ich bitt dich!
… Und gar mit einem Wellensittich!«

Ornithologisches und Unlogisches

Der Amsel (»… Drossel, Fink & Star«)
Wird manches angedichtet.
Vom treuen Schwalben-Ehepaar
Wird Gutes nur berichtet.
Die Lerche singt angeblich vom Scheiden
Und die Nachtigall
Mit lieblichem Schall
Vom Nachtigallenleiden.

Storch auf dem Dach bringt Glück ins Haus,
Und Möwen sehn wie Emma aus,
»Kiwitt, kiwitt« und »tirili …«
Heißt stets: »Madame, ich liebe Sie!«

– So spricht der Volksmund. Doch ich glaube fast:
Die Vögel selber lachen sich 'nen Ast …

Klapperschlangen, Blindschleichen & anderes Natterngezücht

Vor stummen Schlangen ist mir doppelt bange.
… Dann lieber schon 'ne Plapper-Klapperschlange.

Das aber denk ich mir zum Steinerweichen:
Als Schlange auch noch blind zu schleichen.

Den kühnentschlossnen Welterobra
Schreckt weder Natterngift noch Kobra.

Ertönt sein »Heil im Siegerkranz …«,
Folgt alles ihm im Schlangentanz.

Kaka-Du & Kaka-Sie

Ein schwerverliebter Kakadu
Hat hier sein erstes Rendezvous
Mit einer grünen Kaka-Duse.
– Er nennt sie seine Pampel-Muse.

Sie ist nicht spröde, ihrerseits.
Man kakaduzt sich auch bereits.
Und übers Jahr wird ein Terzett
Aus diesem Kakadu-Duett.

Das Zebra

Das Zebra mag ein jeder leiden,
Zumal, da es die Streifen kleiden.
Ein Zebra, – selbst, wenn es intim –
Streift selten ab das Streifkostüm.
Und die Moral von der Geschicht?
– Ein nacktes Zebra gibt es nicht.

Die hohe Kunst

Johann Wolfgang von Goethe

Concerto Dramatico

Composto dal Sigr Dottore Flamminio
detto Panurgo secondo
Aufzuführen in der Darmstädter
Gemeinschaft der Heiligen

Tempo giusto

Die du steigst im Winterwetter
Von Olympus Heiligtum
Tatenschwangerste der Götter
Langeweile! Preis und Ruhm
Dank dir! Schobest meinen Lieben
Stumpfe Federn in die Hand
Hast zu schreiben sie getrieben
Und ein Freudenblatt gesandt.

Allegretto. 3/8

Machst Jungfrau zur Frauen
Gesellen zum Mann
Und wärs nur im Scherze
Wer anders nicht kann.
Und sind sie verehlicht
Bist wieder bald da,
Machst Weibgen zur Mutter
Monsieur zum Papa.

Arioso

Gekaut Papier! Sollts Junos Bildung sein!
Gar großen Dank! Mag nicht Ixion sein.

Allegro con furia

Weh! weh! Schrecken und Tod
Es droht
Herein der jüngste Tag im Brausen
Des Sturmes hör ich die Not
Verdammter Geister sausen
Und rot
In Blutflamm glüht Berg und Flur
In meinen Gebeinen wühlt ein Grausen
Der Hölle, Nacht und Angst
Und das Brüllen des ungeheuren Löwen
Des Seelenverderbers
Umgibt mich. Ich versinke
In Feuer Seelenqualen pechentflammten Schlund.

Cantabile

Schlafe mein Kindlein und ruhe gesund
Pfeift drauß ein Windlein und bellt drauß ein Hund.

Andantino

Der Frühling brächte Rosen
Nicht gar.

Ihr möchtet sie wohl lieber
Im Januar.
Wart nur ihr lieben Mädgen
Den Juni ran
Und dann wahrt eure Finger
Sind Dornen dran.

Lamentabile

Meine Augen rot von Tränen
Müde meine Brust von Stöhnen
Nirgends, nirgends find ich Ruh
Schließe meine Augen zu
Schlaf, verwiege meine Sorgen.

Ein wenig geschwinder, con speranza

Kommst du heut nicht, so kommst du morgen.

Allegro con spirito

Nirgends eine Welt von Nichts
Nirgend Menschen ohne Lieb.
Sonne kann nicht ohne Schein
Mensch nicht ohn Liebe sein.
Nichts nichts ist und nichts nichts gibt
Alles ist und alles liebt.

choral.

Erbarm dich unsrer Herre Gott
In aller Not
In Langerweil und Grillen Not,
Entzieh uns lieber ein Stückgen Brot
Kennst deine Kinder o Herre Gott.

Capriccio con Variationi

Und will auf der Erde
Dumm stille nichts stehn,
Will alles herumi
Didumi sich drehn.

Var. 1.

Seiltänzer und Jungfern
Studenten Husaren
Geschwungen, gesungen
Geritten, gefahren.
In Lüften, der Erde,
Auf Wasser und Eis
Bricht eines sein Hälsli
Das ander Gott weiß.
Capriccio da Capo.

V. 2.

Auf Schlittschuh wie Blitze
Das Flüssli hina,
Und sind wir nun droben
So sind mir halt da.
Und muß es gleich wieder
Nach Heimä zu geh
Und tut eim das Hüftli
Und Füesli so weh.
Capriccio da Capo.

Var. 3.

Geritten wie Teufel
Berg auf und Berg ab,
Galopp auf Galopp
Gehn die Hund nur ein Trab.
Bis Gaul wund am Kreuz is,
Der Ritter am Steiß
Frau Wirtin ein Bett, hol
Der Teufel die Reis
Capricio da Capo :||:

Air.

Une fille
Gentille
Bien soignée par Mama

Toute échauffée,
Dans une Allée
Se promena.
Elle en gagna
Un gros rhume, et bonne Mama
S'ecria
De toute sa poitrine
Medecin! Medicine!

Un garcon
Bel et bon
Par avanture se trouva
Et s'y preta
Et la frotta,
La bien choffa
Que rhume bientot s'en vola.
Le Divin! la Divine;
Medecin! Medicine!

Molto andante

Hat alles seine Zeit
Das Nahe wird weit
Das Warme wird kalt
Der Junge wird alt
Das Kalte wird warm
Der Reiche wird arm
Der Narre gescheit
Alles zu seiner Zeit.

Con espressione

Ein Weiblein der Sybillenschar
Drohte mit Gefahr Gefahr
Von schwarzen Augen im Januar
Und Februar
Und März und – ach durch's ganze Jahr.
Wenn Marianne du mitleidig bist
Wie schön, vergönne mir
Die arme kurze Frist.

Presto fugato

Und Rosenblüt und Rosen Lust
    und Kirschen Apfel und Birnen voll
Gejauchzt, getanzt mit voller Brust
    Herbei! Herbei! Und laut und toll.
Laßt sie kommen
    Alle!
    Hier ist genug
        Hier schaumt der Most
        die Fässer heraus
Rum Rum.
    Didli di dum
    Herbei Herbei
    Didli di dei
        Die Laffen
        Da stehn sie und gaffen
        Der Herrlichkeit zu.

Mit! mit!
Gesprungen! gesungen!
Alten und Jungen!
Mit! Duru! Mit!
    Sind große Geister
    Gestoppelte Meister
    Verschnitten dazu!
Weiber und Kinder
Zöllner und Sünder
Kritaster Poeten
Huren Propheten
Dal dilleri du
    Da stehn sie die Laffen
    und gaffen :|:
    Der Herrlichkeit zu
Dum du. dum du.
Dam dim di di. du
Dam dim di. di du
    Huhu! Huhu!

Ludwig Eichrodt

Sudler

I.

»Vom öden Spaziergang kehr' ich heim
Mit einem Wolfe und siede Leim.
Knurre nicht, Herz! –
Hier sitz' ich,
Flicke Hosen –
Hast du nicht alles selbst vollendet?
Schau, schau!«

»Habe nun, ach, Philosophie,
Puristerei und Anilin
Und leider auch Orthographie
Durchaus studiert mit heißem Bemühn.
Heiße Sudler, heiße Maler, wenn Sie wollen,
Und führe nun an die zehn Jahr
Landauf, landab, in die Quer und Krumm
Meine Gläubiger an der Nase herum
Und sehe, daß wir nichts Gewisses wissen können;
Da möcht ich herzlich gerne durchbrennen.
Zwar bin ich gescheiter als alle die Laffen,
Lessing, Kaulbach und andre, die was schaffen,
Habe weder Geld noch Zweifel,
Fürchte mich nicht vor Kunz, dem dummen Dorfteufel.
Doch möchte kein Hund so länger leben,
Drum hab' ich mich der Magd ergeben. –
Der Gott, der mir im Busen wohnt,
Er kann – mein Innerstes erregen!!

Auf dieser Welt wird nichts belohnt,
Ich muß nach außen mich bewegen.«

Habe das Kleinliche
Längst abgethan;
Das Sauberschweinliche,
Urgesund Reinliche
Breche sich Bahn,
Das Wassersteinliche
Zieht mich hinan.
Denn das Unleibliche,
Maimondenscheibliche,
Urturteltäubliche
Ist nur ein Wahn;
Das Zeitvertreibliche
Walzend betäubliche,
Weltnabelreibliche,
Will sich mir nahn,
Das Unverkneipliche,
Hier ist's verthan.
Das Unausbleibliche,
Wechselverschreibliche,
Hat mich schon dran.
Das Eheweibliche
Geht mich nichts an!«

II.

Er steht mit kühn verschränkten Beinen
Vor der erschwung'nen Staffelei;
Er ist mit sich einmal im Reinen,
Und hofft, er malt sich schuldenfrei.

Merkwürdig doch, die tadellose
Entschiedenheit ist thatenlos;
Ist um die ausgeschnupfte Dose
Sein Seelenschmerz so übergroß?

Will sich der Durst bei ihm ereignen,
Seit ihn der Appetit verließ?
Sprich, oder wollen sich verläugnen
die Zeugungskräfte des Genies?

Nein, schrecklicher ist seine Lage,
Denn siedendheiß fiel es ihm bei,
Daß ja das Licht gemeiner Tage
Für Malerei nicht günstig sei.

Traun! von des Lichts tausend Arten
Ist nur das »Nordlicht« gut und rein,
Drum will er auf ein Nordlicht warten,
Denn selten ist ein edler Schein.

III.

»Des Abends in voller Kneipe
Geht erst mein Leben an,
Dort tief in Qualm und Nebel
Bin ich der große Mann.

Dort fahr ich den öden Schlingeln
Belehrend über's Maul,
Dort setz' ich mich ohne Rücksicht
Auf meinen höchsten Gaul.

Dort fang ich an zu betrinken
Und mich zu begreifen ganz,
Dort lächelt mir süß entgegen
Das holde Mädchen, die Gans.

Den lieben Tag, den langen,
Sitz ich zu Haus umher,
In meiner öden Spelunke,
Und les' im alten Homer.

Da werd' ich gerührt und es fallen
Die Tropfen voll und schwer,
Die Schnupftabakstropfen fallen
In meinem Freund Homer.

Den lieben Tag, den langen,
Bin ich des Daseins satt,
Des schweren, doch Abends eil' ich
Zum besten Bier der Stadt.

Des Abends in der Kneipe
Geht erst mein Leben an,
Dort tief in Qualm und Nebel
Bin ich der große Mann.«

IV.

»Ewigklar und spiegelrein und eben,
Fließt das zephirleichte Leben
Anerkanntem Künstlerpack dahin;
Wechsel tummeln sich und Scheine fliehen –

Meines Müssigganges Rosen blühen
Wandellos im ewigen Ruin.
Kenn' ich gleich die Dinge und das Leben,
Hab' ich in der Welt mich umgeschaut,
Ist mir Suada fürchterlich gegeben,
Bin ich doch nicht mit dem Glück vertraut.

Schwer, o schwer, muß ich es jetzt empfinden:
Leben müssen, ach in einer blinden,
Kenntnißlosen Zeit ohn' allen Geist.
Ist doch Alles blöder Larifari,
Was nicht heißt Gaudenzio Ferari,
Höchstens Raffael und Rubens heißt.
Ist doch Alles durch und durch rachitisch,
Nur der Schmiere spendet man Applaus,
Kaulbachantisch oder Gallaitisch –
Reißt mir Aermstem doch den Schopf heraus!

Nimmer ist das Todte zu beseelen,
Mit dem Stoffe bildend zu vermählen,
Und zur That der Genius nicht kommt;
Anders spannt' auch ich des Fleißes Nerve,
Aber so erübrigt nur die Schärfe
Der Kritik, die niemand frommt.
Warum mit dem aufgeschlossnen Sinne,
Mußt ich traur'ger Wahrheit, euch
Und mir selbsten werden inne
In des Ideales Reich?

Träge nennet ihr den Schaffensmüden?
Zwischen Sinnenglück und Seelenfrieden

Bleibt dem Menschen nur die lange Weil'!
Nein ich flüchte aus der Sinne Schranken
In die Freiheit der Gedanken,
Im Sarkasmus seh' ich einzig Heil.
Was ich seh' den lieben Tag, den langen,
Beugt der Witze grausames Gesetz;
Nachmittags im grünen Hof empfangen
Mich die Wonnen des Pikets.

Also leb' ich, schmählich zu zerschellen
Unter unzulänglichen Gesellen,
Deren keiner richtig denkt und trinkt,
Abends in der schauderhaften Kneipe
Rückt mir der Revisor gar zu Leipe,
Und die Unterhaltung sinkt und sinkt und sinkt.
Abgebrannt und unverstanden bin ich,
Ich, der Mann des doppelten Gesichts,
Mit der Priesterbinde, was beginn' ich?
Auch im Leihhaus gilt sie Nichts!«

V.

»Der feine Mann trägt schwarzen Frack
Jahraus jahrein, und kaut Tabak,
Ist Hunger seine Phase;
Indessen schnupft er, in der Hos'
Steckt seine feuchte Tabaksdos'
Nicht klein und ein klein wenig groß
Wie seine Gothennase.«

»Die Freunde tadeln her und hin,
Das störet mich, denn wie ich bin,
Mächtig doch feind der Phrase,
Muß alles groß und tüchtig sein,
Da kommt es manchmal, daß ich mein',
Sie sei wahrhaftig doch zu klein
Für mich und meine Nase.«

VI.

Sudler war kein Stubenhocker,
Sudler war Genie, Natur,
Sudler schwärmte viel von Ocker,
Viel von Tinte, von Lasur.

Sudler sprach und kritisierte
Unbarmherzig, ja sogar,
Was er selber pinselführte;
Sudler litt an keinem Staar.

Aber niemals brachte Sudler
Etwas Fertiges zu Stand,
Sudler war ein großer Hudler
Auf der edeln Leinewand.

Was ist mit ihm vorgegangen?
Welcher Eifer auf ein Mal?
Was er gestern angefangen,
Heute macht es ihm noch Qual.

Seine Stirne ist gefaltet,
Krampfig seine Hand geballt,
Seine Pfeife ist erkaltet,
Ach! der Sudler rauchet kalt.

Sieh, gelehnt im Stuhl der Sorgen,
Lungert er voll Majestät
Jeden frühstückslosen Morgen,
Bis die Uhr auf Zwölfe steht.

Höret nicht der Freunde Locken,
Schäckert nicht mit dem Modell,
Gläubiger und Freunde trocken
Weiset Sudler von der Schwell!

Und er ruht in seinem Sessel
Ockerselig, still und groß,
Spottend aller Regeln Fessel,
Die Palette auf dem Schooß.

Ist noch wer, der ihn beschuldigt
Thatenloser Theorie?
Dem soliden Fortschritt huldigt
Sudler's praktisches Genie.

Schöne Linien, reine Stimmung
Gilt dem Einen Malerziel,
Und er sinnt auf Reiz der Krümmung,
Auf harmonisch Farbenspiel.

»Colorierte Arabesken!«
Höhnt der Andre. Bringt einmal
Die Idee in Riesenfresken,
Und sei Wahrheit Ideal!

Zu vermitteln bei Extremen,
Höhere Einheit suchen frei,
Würde Sudler sehr sich schämen,
Was er schafft, ist gänzlich neu.

Malt der nicht die Lockenstränge
Zart wie abgelagert Stroh,
Und die Schattenübergänge
Brennen sie nicht lichterloh?

Dieser Linien Zirkelrundung!
Dieser Farbe Poesie!
Dieses Strebens Urbekundung!
Dieses Streichs Ichweißnichtwie!

Diese Lichter wie entschieden!
Dieser Tinten klarster Fluß!
Ja, er ist mit sich zufrieden,
Ueberzeugt vom Genius.

»Es erinnert, wer bestreiten
Wollt' es, dieses Conterfei
Wahrlich an die bessern Zeiten
Der Historienmalerei!«

»Lauter Ausdruck, nur Charakter!
So kokett und doch so breit
Die Manier! Es fehlt, so sagt er,
Höchstens an der Aehnlichkeit.«

»Vorurtheile werden schwinden.
Und die Zukunft sein erfüllt,
Eine neue Aera gründen
wird mein unbezahlbar Bild.«

Wirklich ist das Bild – vollendet:
Fertig auf der Staffelei.
Gott! da wird es ihm gepfändet
Durch die hohe Polizei.

Strafe für sein Uebersitzen
In den Kneipen! Drum behend,
Die Gelegenheit zu nützen,
War genaht der Exequent.

Aber Sudler rief: »O Brüder,
Höret meiner Rache Schwur!
Was ich war, ich werd' es wieder,
Lebemann, Genie, Natur!«

»Nimmer werd' ich stubensitzen,
Nie vollenden mehr ein Bild,
Von Ideen mag ich blitzen,
Aber in mich selbst gehüllt!«

Also in die Kunstgeschichte
Griff die plumpe Polizei,
Und vergebens im Gedichte
Jammert jetzt die Malerei.

VII.

Es fault in diesem Grabe
Maler Sudler, der Flächenschwabe.
Weil ihn die Viehzeit,
Die kunstarme, aneckelte,
Nahm er sich nie Zeit,
Bis ihn der Tod abdeckelte.
Friede seinen Gräten!
O so gerne spräch' er zu Dir:
Die besten Witze dieser Grabschrift sind
Von mir!

Ludwig Eichrodt

Quodlibet teutonicum furiosum

Menuett aus Don Juan

Setzt der Löwe in Gedanken tief
Über einen Graben still und schief,
Dann wird auch die Liebe siegen
Oder unter – gehn.
Ja, der Tod ist nur Chimäre,
Und im Räume wohnt die Schwere,
Und das Leben ist doch schön, doch schön, doch schön!
Wie heute nacht, ja nacht –
Engel fallen aus dem Himmel,
Schneider von dem Schimmel, Schimmel;
Raum ist in der kleinsten Hütte für
Ein liebend Paar. Ja!

Dessauer

So lebt, so eilt: so lebt, so eilt,
So laßt uns tapfer zechen,
Nebukadnezar schützet uns;
Der Habersack zur Sonne fliegt,
Vernunft hat auch der Hund,
Die arme Welt im Argen liegt,
War einst so kugelrund, rund –

Zaar und Zimmermann

Es ist schon lange her,
Es freut uns um so mehr,
Es freut uns um so mehr – ja, ja!

Ich hab' den ganzen etc.

Wer niemals in Verlegenheit
Und Wien gewesen ist,
Wer seinen Käs nicht wiederkäut
Und froh mit Thränen ißt,
Der geh nicht eh'r vom Platze heut,
(Als bis der Wächter Zwölfe schreit)
Als bis er aus Verlegenheit,
Juvivallera vallera, vallerala
Juvallera vallera la –

Pilgerchor aus Tannhäuser

Lahá tatta lá tata la ramdrá'm
ratu lahá himmelsakerment hum! Ja –

Origin.:

Konstanz liegt am Bodensee,
Auf der Alma liegt der Schnee,
láhála diatála *rep.* lá. –

Origin.:

Alles schweige, jeder geige
Ernste Töne hoch empor!
Hört, o hört mit sieben Ohren,
Polen ist noch nicht verloren,
Denn Othello war ein Mohr. –
Es ist schon lange her, es freut uns um so mehr.

God:

Mehr, mehr, und mehr und mehr
Zieht sich das Eis daher
Vom Pi – pa – Pol –
Erde vereiset sich,
Bulldogg verbeißet sich,
Aber in Leipezig
Ist es uns wohl.

Original:

:|: Juviheirassasassasah, :|:
Da kam ein stolzer Reiter
Und brach sich –
An der Saale kühlem Strande
Stehen Burschen toll und kühn,
Ihre Dächer sind zerfallen
Und das –

Original:

Schiff streicht durch die Weser
    Fidibus!
Zerbrochen sind die Gläser
    Fidibus!
Und so ferne ist der Zar,
Ja so ferne, o wie gerne
Saß ich doch im Kaviar,
    Fidibus, Fidibus! –

Es, es etc.

Huß, Huß, Huß und Huß,
Es ist ein harter Schluß,
Daß, daß, daß und daß,
Daß Huß verbrennen muß! –

Pilgerchor

Lahata lá dram
Dei dia dia dei diadia.
(Der Geiger nimmt ein Blatt Papier vor den Mund, hat dahinter einen Kamm:)
Deidia lahata!

(Der Singchor schreit getragen zugleich):
Lahá tattah la – – *(Ende Finale)*
Ach schwer drückt mich der Schulden Last!

Unbekannter Verfasser

Wanderlust

Nach Italien, nach Italien
Möcht ich, Alter, jetzt einmaligen!
Wo die Pomeranze wohnt,
Wo die wunderschönen Mädchen
Unter süßen Triolettigen
Singen, wandelnd unterm Mond –
Dahin, Alter, laß mich ziehn!

Nach Sizilien, nach Sizilien,
Sollst du in die Reise willigen!
Wo von Wolken nicht die Spur,
Wo die Menschen müßig gehen,
Wo die Augen ewig sehen,
In das himmlische Azur –
Dahin, Alter, laß mich ziehn!

Nach Arabien, nach Arabien,
Laß mich mit dem Wanderstabigen!
Wo der Emir einsam trinkt,
Wo die edlen Wüsten brennen,
Wo die flinken Stuten rennen,
Und die Karawane klingt –
Dahin, Alter, laß mich ziehn!

Nach dem Lande der Hellenen
Will sich jetzt mein Busen sehnen,
Wo der Boden klassisch schweigt,
Wo der eingestürzte Tempel

Seines Alters düstren Stempel
Aus beredten Trümmern zeigt –
Dahin, Alter, laß mich ziehn!

Nach Ostindien, nach Ostindien,
Möcht ich auch den Pfad ergründigen,
Möcht ich jetzt mit Hand und Ohr!
Wo die Elephanten kreisen,
Wo die Enkel stiller Weisen
Singen den Bramanenchor –
Dahin, Alter, laß mich ziehn!

Nach Kleinasien, nach Kleinasien
Wo die sanften Esel grasigen,
Darauf die schmucke Sklavin sitzt,
Wo die Palmenwälder glühen,
Wo die Heil'gen Löwen fliehen,
Wo es donnert, wenn es blitzt –
Dahin, Alter, laß mich ziehn!

Nach Hispanien, nach Hispanien
Möcht ich jetzo ziehn hinanigen,
Wo der Cigarrito weilt,
Wo die stolzen Donnen kosen,
Wo die edlen Räuber tosen
Und die Wunde niemals heilt –
Dahin, Alter, laß mich ziehn!

Nach Algerien, nach Algerien.
Laß mich in den Osterferien,
Hehrer Alter, laß mich gehn!

Wo die Datteln heimlich reifen,
Wo die Arabesken streifen
Und die Antilopen stehn –
Dahin, Alter, laß mich ziehn!

Nach dem Lande Palästinien
Zieht es dann mich mächtig hinigen,
Wo der ew'ge Ölkrug rauscht,
Wo die Büßer sich bestrafen,
Wo der Herr am Krug entschlafen,
Und der Hirt den Zedern lauscht –
Dahin, Alter, laß mich ziehn!

Nach Sibirien, nach Sibirien,
Zu den wildgebornen Tierichen
Jetzt es meinen Busen drängt,
Wo die Bären murmelnd springen,
Wo in unwirtbaren Schlingen
Sich der bied're Zobel fängt –
Dahin, Alter, laß mich ziehn!

Nach Ägypten, nach Ägypten
Möcht ich ziehn mit der Geliebten,
Wo der Sturm der Küste pfeift,
Wo der Weise stets zufrieden
Auf erhab'nen Pyramiden
Stumm in seinen Busen greift –
Dahin, Alter, laß mich ziehn!

Nach Britannien, nach Britannien
Möcht ich, Vater, ziehn von dannigen,

Wo am Mast der Schiffer lehnt,
Wo sich tummeln die Schaluppen,
Wo in dumpfen Marmorgruppen
Lächelnd der Matrose gähnt –
Dahin, Alter, laß mich ziehn!

Nach Turkanien, nach Turkanien
Zieht mich's unwiderstehlich anigen,
Wo der Pascha mordend schmaucht,
Wo die krummen Säbel hausen,
Wo die Dardanellen sausen,
Und man so viel Geld verbraucht –
Dahin, Alter, laß mich ziehn!

Nach Polakien, nach Polakien,
Laß mich meinen Ranzen packigen;
Wo die Sense blutig schwillt,
Wo man lebt auf grimmem Fuße,
Wo der lärmende Krakuse
Sich in seinen Mantel hüllt –
Dahin, Alter, laß mich ziehn!

Nach Norwegien, nach Norwegien
Laß mich meinen Fuß bewegigen,
Wo der Fels gen Himmel schreit,
Wo der Ozean sich brandet,
Wo der Lotse fröhlich strandet,
Und von fern der Hekla speit –
Dahin, Alter, laß mich ziehn!

Nach Franzosien, nach Franzosien,
Wo die Rebellion ging losigen,
Reißt es meine Jünglingsbrust,
Wo die Marselljäse strotzet,
Wo der Flüchtling friedlich trotzet
Seiner Menschlichkeit bewußt –
Dahin, Alter, laß mich ziehn!

Nach Neuyorkien, nach Neuyorkien
Sollst du jetzt das Geld mir borgigen,
Wo die Ware stumm sich kreuzt,
Wo genest der Europarier,
Wo der letzte Proletarier
Sich in seid'ne Tücher schneuzt –
Dahin, Alter, laß mich ziehn!

Nach Helvezien, nach Helvezien,
Treibt es meinen Busen jetzigen,
Wo die Löwin donnernd rutscht,
Wo zerstäubt der Jesuite,
Wo noch der Europamüde
Mit dem Stier von Uri putscht –
Dahin, Alter, laß mich ziehn!

Nach Australien, nach Australien
Zieht es mich zum letztenmaligen,
Nach des Weltteils fünften Strand.
Wo die Erdumsegler stehen,
Wo Verbrecher in sich gehen,
Und fast alles unbekannt –
Dahin, Alter, laß mich ziehn!

Nach Chinesien, nach Chinesien,
Möcht ich, wo ich nie gewesigen,
Wo die Seelen stille stehn,
Wo die Menschen wahrhaft wimmeln,
Frauen ihren Fuß verstümmeln,
Und der Tusch am schwärzesten –
Dahin, Alter, laß mich ziehn!

Nach dem kalten Moskowitien
Möcht ich einen Paß besitzijen,
Wo der Pope lebt und leibt,
Wo das Volk stiert in Verblendung,
Wo der Zar in starrer Wendung
Seinen grimmen Ukas schreibt –
Dahin, Alter, laß mich ziehn!

Zum Aequator, zum Aequator
Laß mich eilen, greiser Vator!
Wo die schwarze Linie glüht,
Wo der Wüstenkönig schreitet,
Wo der Neger Unrecht leidet
Und der Mensch vor Götzen kniet,
Dahin, Alter, laß mich ziehn!

Ludwig Eichrodt

Akademische Wanderlust

Nach Krakelien, nach Krakelien
Nach dem wein- und kümmelseligen
Wirbelt mich, ihr Göttlichen!
Wo die Pfropfe festlich bollern,
Wo aus klaftertiefen Kellern
Nektar und Ambrosia wehn.

Nach Faulenzien, nach Faulenzien
Möcht ich, das Kolleg zu schwenzigen,
Wo selbst der Professor schwenzt;
Wo das Dolce far niente
Langsam fließt, und der Studente
Ruhig wie der Vollmond glänzt.

Nach Schlaraffien, nach Schlaraffien,
Tut mir ein Billet verschaffigen
Für den nächsten Luftballon;
Wo entspringt die Limonaden,
Wo der Ochs ins Maul gebraten
Flieget Adams dümmstem Sohn.

Nach dem Land der ordentlichen
Kerle kam ich gern geschlichen,
Wo kein Mensch mit Größe prunkt,
Wo man jedem läßt das Seine,
Wo man in den Kaffee keine
Mürben Kellerläden tunkt.

In dem weisen Sarastronien
Laßt mich ein- und einmal wohnigen,
Wo der Mensch den Menschen liebt,
Wo in diesen heil'gen Hallen
Rachelos die Menschen fallen,
Denen man als Feind vergibt.

Laßt mich auch zu den Asylen,
Wo die flücht'gen Menschen wühlen,
Die man nach der Decke streckt;
Wo man traulich sitzt im Kneipchen,
Wo der N. N. mit dem Weibchen
Fürchterlichen Unsinn heckt.

Nach Blamagien, nach Blamagien
Eil' ich redend von Kouragien,
Wo man höflicher denn kühn,
Wo die Leute ganz entsetzlich
Renommieren, aber plötzlich
Sich ums Gegenteil bemühn.

Nach Karabatschien, nach Karabatschien
Streb' ich, über Witschiwatschien,
Wo der Farra watla thront,
Wo die Bastonade schallet,
Wo der Bambus lieblich hallet
Und die Feige saftig lohnt.

Nach Randalien, nach Randalien
Lasset mich zu den Skandalien,
Wo es losgeht Schlag auf Schlag,

Wo Mensuren und Affären
Die Situationen klären
Und es knallet Tag für Tag.

Sondern auch nach Lilipuzien,
Nach dem lieben kleinen putzigen,
Pilgr' ich dann durchs Jammertal,
Wo die Mücken Elefanten,
Größen nur die unbekannten,
Wo es ist wie überall.

Nach dem hohen Idealien
Wollt' ich wallen mit Amalien,
Wo der Sturm des Jammers schweigt;
Wo die reinen Formen wohnen,
Wo von ihren Weltenthronen
Die gewollte Gottheit steigt.

Nach Myriadien, nach Myriadien.
Schleudert mich, ihr Schicksalsradien,
Wo der Sirius eisig glüht,
Wo der Unsinn grausam gipfelt,
Wo die Wurst gen Himmel zipfelt,
Und die Welt benebelt flieht.

Heinz Erhardt

Kennst du den Ort?

Kennst du den Ort, wo es stets muffig riecht?
Dir feuchte Kälte in den Anzug kriecht?
Wo stolze Flaschen stehen voll des Weins?
Wo Dosen dösen mit dem Schmalz des Schweins?
Wo Spinnen kunstgerecht die Wand »benetzen«,
und wo kein Stuhl ist, sich mal hinzusetzen?
Wo Kohlen frierend in der Ecke liegen?
Wo die Kartoffeln edle Keime kriegen,
die Waschmaschine wäscheharrend steht,
und wo des Wassers Haupthahn leise kräht?
Kennst du den Ort? O, Fremdling sprich!!
Du kennst ihn nicht? – Nun, aber ich!

Serenus M. Brezengang

Kreubst du das Lerd

Kreubst du das Lerd, wo die Zertissen breun,
Im dischen Lurb die Gonten-Schaffeln geun,
Ein sichter Wold vom bluschen Hierzel waust,
Die Mespe strall und hiech der Leubahr staust,
Kreubst du es wirl?
Derfarn! Derfarn
Meut ich mit dir, o mein Gebeichler, zarn.

Kreubst du das Hieß? Auf Satzeln riest das Drauch,
Es glabscht der Suhl, es schappert das Gemauch,
Und Müsseldrehler strohn und spaun mich an:
Was hürscht man dir, du ampfes Kemd, gespran?
Kreubst du es wirl?
Derfarn! Derfarn
Meut ich mit dir, o mein Berasper, zarn.

Kreubst du den Bragg und seinen Weifelzerg?
Das Mohlmaar sämt im Nischel seinen Wärg,
Im Hunkeln wast der Drannen alsche Brist,
Es strift der Fauß und über ihn die Flißt;
Kreubst du es wirl?
Derfarn! Derfarn
Grapst unser Wärg! o Veichsler, leuß uns zarn!

Ernst Jandl

calypso

:ich was not yet
in brasilien
nach brasilien
wulld ich laik du go

wer de wimen
arr so ander
so quait ander
denn anderwo

ich was not yet
in brasilien
nach brasilien
wulld ich laik du go

als ich anderschdehn
mange lanquidsch
will ich anderschdehn
auch lanquidsch in rioo

ich was not yet
in brasilien
nach brasilien
wulld ich laik du go

wenn de senden
mi across de meer

wai mi not senden
wer ich wulld laik du go

yes yes de senden
mi across de meer
wer ich was not yet
ich laik du go sehr

ich was not yet
in brasilien
yes nach brasilien
wulld ich laik du go

Curt Goetz

Schwermütige Wüstenmelodie

Solo

In der Wüste, siehste, siehste,
An der schattigen Oase,
Saß der Vetter mit der Base –
In der Wüste –

Chor

Siehste, siehste!

Solo

Weil sie nirgendswo allein
Konnten ungestöret sein,
Gingen beide, siehste, siehste,
In die Wüste –

Chor

In die Wüste!

Solo

Ziemlich heiß, wie man weiß,
Ist so'ne Wüste, siehste, siehste,
Und sie setzt sich ahnungslos
Auf seinen Schoß!

Chor

Auf seinen Schoß

Solo

's war gar nichts los auf seinem Schoß
Nur ziemlich heiß war's in der Wüste,
Das war alles, siehste, siehste,
In der Wüste –

Chor

In der Wüste –

Solo

»Gar nichts los in der Wüste«,
Sagt die Kleene, »ganz so triste,
Wie die Wüste, siehste biste,
Ganz so triste!!«

Chor

Ganz so triste –

Solo

Doch kaum hat sie so gesprochen,
Kam ein Löwe angekrochen
Und beroch von allen Seiten
Sich die beiden!

Chor

Sich die Beiden?

Solo

»Sei mein Retter, lieber Vetter!«
Rief die Base in Ekstase
Und umklammert seine Nase
Mit Emphase!!

Chor

Mit Emphase!!

Solo

Doch der Löwe in der Wüste
Fraß die Beene und die Büste
Von der Kleenen, siehste, siehste,
In der Wüste –

Chor

Siehste, siehste!

Solo

Sterbend haucht die arme Kleene,
Während mehr und mehr die Beene
Und der zarte Geist entschwebt:
»Hab' ich doch noch was erlebt!!«

Chor

Was erlebt!

Solo

»Hast das Beste du gefressen,
Brauchst auch mich nicht zu vergessen.
Drum vereine mich mit ihr,
Wüstes Tier!«

Chor

Wüstes Tier!

Solo

Doch der Löwe in der Wüste
Blickte triste, siehste siehste,
Auf den Vetter in der Wüste
Unverwandt!

Chor

Unverwandt, unverwandt –

Solo

Darauf rülpst er – und verschwand! –

Chor

Darauf rülpst er – und verschwand! –

Wilhelm Busch

Schreckliche Folgen eines Bleistifts

Ballade

1

O Madrid, ich muß dich hassen,
Denn du hast ihn schnöd verkannt,
Den Murillo seinen besten
Schüler stets mit Stolz genannt.

Keiner hatte wie Pedrillo
Dieses lange Lockenspiel,
Keiner trug Hispaniens Mantel
Mit so vielem Kunstgefühl;

Keiner wiegte auf dem Haupte
Solchen hohen, spitzen Hut,
Und das edle Bleistiftspitzen
Konnt' er aus dem Grunde gut.

Meistens nahm er Nr. 7,
Und mit kunstgeübter Hand
Spitzt' er ihn an beiden Enden,
Weil er dieses praktisch fand.

Einstmals merkte dies Murillo,
Und er sprach mit ernstem Ton:
»Was ich eben da bemerke,
Das gefällt mir nicht, mein Sohn;

Denn ich glaube, daß du hierin
Sehr auf falschem Wege bist,
Weil es erstens sehr gefährlich,
Zweitens auch nicht nötig ist.«

Doch Pedrillo (wie gewöhnlich
Diese jungen Leute sind)
Schlug Murillos weise Lehre
Lirum larum! in den Wind.

2

Übrigens (das muß man sagen)
Was die edle Kunst betraf,
Überhaupt in seinem Fache,
War Pedrillo wirklich brav.

So z. B. die Madonna;
Ja, wer hätte das gedacht?
Selbst der große Don Murillo
Hätte Beßres nicht gemacht.

Aber so was kostet Mühe,
Und es kostet auch noch Geld,
Denn Pedrillo hatte häufig
Sich dazu Modell bestellt.

Sie war eine Schneiderstochter
Aus der Vorstadt von Madrid,

Schwarze Augen, blonde Flechten
Brachte dieses Mädchen mit.

Als Pedrillo nun gemalet
Dieses Mädchen als Porträt,
War der große Don Murillo
Auch nicht ungern in der Näh'.

Früh von Morgen bis zum Abend
Unterweist der Meister ihn,
Und Pedrillo folgte willig
Stets mit eifrigem Bemühn.

Aber abends, wo ein jeder
Gerne seine Ruhe hat,
Führt' Pedrillo jenes Mädchen
Oft spazieren vor die Stadt.

Einstmals merkte dies Murillo,
Und er sprach mit ernstem Ton:
»Was ich eben da bemerke,
Das gefällt mir nicht, mein Sohn;

Denn ich glaube, daß du hierin
Sehr auf falschem Wege bist,
Weil es erstens sehr gefährlich,
Zweitens auch nicht nötig ist.«

Doch Pedrillo (wie gewöhnlich
Diese jungen Leute sind)

Schlug Murillos weise Lehre
Lirum, larum! in den Wind.

3

Schon am nächsten Donnerstage,
Als ein schöner Abend war,
Sah man draußen vor dem Tore
Dieses pflichtvergeßne Paar.

Zu dem dort'gen Myrtenhaine
Gingen sie im Mondeslicht,
Aber keiner sah sie wieder,
Wenigstens lebendig nicht.

Denn es sprach zu ihr Pedrillo:
»Sprich, Geliebte, liebst du mich?«
Und sie preßt ihn an den Busen,
Sprechend: »Ja, ich liebe dich!«

»Au!« schrie plötzlich da Pedrillo,
Und das Mädchen schrie es auch;
Tödlich fielen beide nieder
Unter einen Myrtenstrauch.

Keiner wußte, was geschehen,
Bis des Morgens in der Früh,
Denn da kam ein alter Klausner
Durch den Wald und merkte sie.

Und als er die beiden Leichen
In der Nähe sich besah,
Fand er alles sehr natürlich,
Denn, ach Gott! was fand er da?

Ach, ein Bleistift Nr. 7,
Den Pedrillo zugespitzt,
Zugespitzt an beiden Enden,
Hatte dieses Blut verspritzt.

Als Murillo dies vernommen,
Sprach er sanft und weinte sehr:
»Ach! O Jüngling, spitze niemals
Einen harten Bleistift mehr;

Führe Mädchen nie spazieren,
Denn dies Beispiel zeigt es klar,
Daß es erstens sehr gefährlich,
Zweitens auch nicht nötig war.«

Ferdinand Hardekopf

Splendeurs et misères des courtisans

Aus der steilen, transparenten Nudel
Quillt ein Quantum Quitten-Quark empor,
Ballt sich, physisch, zum gewürzten Strudel,
Kreist: ein Duftballon aus einem Rohr.

Wann [und wo?] war Schweben delikater?
In der Spannung wird man blaß, wie Chrom.
Lehr- und Schüler folgen dem Theater.
Doch der Stern genießt sich autonom.

Peter Cornelius

Ja, ein Gesamtgenie

ABUL. Mein Sohn, sei Allahs Frieden hier
Auf Erden stets beschieden dir.
Heil dir, du Krankgewesener,
Du glücklich Neugenesener,
Du Übelüberwindender,
Dich wieder Wohlbefindender,
Dem Tode froh Entschlüpfender,
Durchs Leben rüstig Hüpfender,
Du jüngst noch Heiltrank Schlürfender,
Nun meiner Kunst Bedürfender,
Schwer unter Haarlast Ächzender,
Nach meinem Messer Lechzender!
Ich komm' in aller Eiligkeit
Und wünsche dir Gedeihlichkeit,
Gesundheit, Glück und Überfluß
Und langer Jahre Hochgenuß,
Dir blühe stets –

NUREDDIN. Ich danke dir! Nur sei recht eilig!
Mich ruft ein dringendes Geschäft. Mach' schnell!

ABUL. Ich habe dir dein Horoskop gestellt;
Vernimm durch mich den Spruch der Sternenwelt:
Du hast gewählt die beste Zeit auf Erden,
Die man nur wählen kann, rasiert zu werden.

Mars und Merkur
Schauen auf dich,

Wag' es drum nur,
Baue auf mich;
Doch droht Gefahr
Von goldner Schar!
Sei auf der Hut
Vor Sonnenglut!
Wenn Venus lacht,
Nimm dich in acht!
Geh' nicht hinaus!
Bleib' fein zu Haus!

NUREDDIN. Was kümmern die Sterne dich nur?
Mach schnell!
Danach frage ich nicht,
Beginne sogleich deine Schur, Gesell!
Eilig tu' deine Pflicht.
Fasle nicht weiter von der Sterne Schar,
Was du da schwatzest, ist ja doch nicht wahr.
Lasse das! Dämme deiner Worte hohe Flut,
Zu vieles Reden ist nicht gut.
Nicht so lang bedacht,
Schnell voran gemacht,
Eilig packe aus,
Sonst werf ich dich zur Tür hinaus!
Sogleich ans Werk, sonst geh hinaus!

ABUL. Im Hause alles magst du wagen,
Doch bleib' zu Haus, sonst geht dir's an den Kragen.

NUREDDIN. Nicht will ich Rat von dir und Prophezeiung,
Dein Werk vollende schnell und weiter nichts.

Drum kein Geschwätz – sonst ruf ich einen andern.
Margiana, o Margiana, du mein Alles!

ABUL. O wüßtest du, Verehrter,
Was ich für ein Gelehrter,
Du wärst erstaunt darob
Und sprächest nicht so grob.
So höre denn, du Tröpfchen,
Du ungeschornes Köpfchen,
Was ich für ein Barbier,
Und freue dich mit mir.

Bin Akademiker,
Doktor und Chemiker,
Bin Mathematiker
Und Arithmetiker,
Bin auch Grammatiker
Sowie Ästhetiker,
Ferner Rhetoriker,
Großer Historiker,
Astrolog, Philolog,
Physiker, Geolog,
Geograph, Korograph,
Topograph, Kosmograph,
Linguist und Jurist
Und Tourist und Purist.

Maler und Plastiker,
Fechter, Gymnastiker.

NUREDDIN. Margiana, o Margiana, du mein Alles!

ABUL. Tänzer und Mimiker,
Dichter und Musiker,
Großer Dramatiker,
Epigrammatiker,
Scharfer Satiriker,
Epiker, Lyriker,
Dabei ein Sokrates
Und Aristoteles.
Bin Dialektiker,
Sophist, Eklektiker,
Zyniker, Ethiker,
Peripathetiker.
Bin ein athletisches,
Tief theoretisches,
Musterhaft praktisches,
Autodidaktisches
Gesamtgenie,
Ja, ein Gesamtgenie!

NUREDDIN. Nun sag' einmal, du unverschämter Schwätzer,
Wann endest du? Und wann beginnest du?

ABUL. O wie du mich verkennest,
Daß du mich Schwätzer nennest!
Ja, meine Brüder selig,
Die schwatzten unausstehlich.
Unausstehlich!
Bakbak, der Einäugige,
Bakbarah, der Dickbäuchige,

Alkuz, der Vielbräuchige,
Alnaschar, der Weinschläuchige,
Bukbuk, der Spatzenscheuchige,
Schakkabak, der Hustenkeuchige;
Doch ich, der jüngste der Familie,
Bin still und unschuldvoll wie eine Lilie.

Alfred Lichtenstein

Das Konzert

Die nackten Stühle horchen sonderbar
beängstigend und still, als gäbe es Gefahr.
Nur manche sind mit einem Mensch bedeckt.

Ein grünes Fräulein sieht oft in ein Buch.
Und einer findet bald ein Taschentuch.
Und Stiefel sind ganz gräßlich angedreckt.

Aus offnem Munde tönt ein alter Mann.
Ein Jüngling blickt ein junges Mädchen an.
Ein Knabe spielt an seinem Hosenknopf.

Auf einem Podium schaukelt sich behend
ein Leib bei einem ernsten Instrument.
Auf einem Kragen liegt ein blanker Knopf.

Kreischt. Und zerreißt.

Fred Endrikat

Enzian-Sinfonie

Der Gletscher gletscht im Abendsonnenschein.
Es latscht im Schnee ein altes Stachelschwein.
Im Rasen blüht der (die das) blaue Enzian.
Es kriecht den Berg hinauf die Rigibahn.
Kling klang. Kling klang.

Ein Mönch führt uns ins Klösterli hinein.
Das Stübli liegt im frommen Dämmerschein.
Grüß Gott. Grüß Gott.
Im Hintergrund blökt eine Alpenkuh.
Das Glöckli läutet feierlich dazu.
Blim blam. Blim blam. Muh muh.

Ein guter Wirt ist jener fromme Mann.
Im Glase duftet fein der Enzian.
Helf Gott. Helf Gott.
Die Nasen glühn, wir singen kräftiglich,
der brave Mönch, das Stachelschwein und ich.
Hurra. Halleluja, für dich.

Von oben lächelt hold Helvetia.
Von unten grinst des Teufels Großmama.
Im Hofe kräht der Hahn schon Kikeriki.
Es säuselt sanft die blaue Sinfonie.
Grüß blam. Klang muh. Kling Gott.
Hallemuh. Blim ja. Kling blam.
Plemplem. – – –

Karl Valentin

Das futuristische Couplet

Ein Gegenstück zu der modernen Malerei

In Nürnberg kam das Ganze,
Es sind ja mal er recht,
Doch als es mir ganz falsch war,
Ist es ohnedies zu schlecht.
Mit wessen ich grad dachte,
Von ohne sie berührt,
So sind sie denn von vorne rein
Ganz ohne diszipliert.

Wer allzulange sind ist,
Ob arm, geht sich bei dem,
Das einmal es oft lieber sein,
Drum wird ja ohnedem,
Mitsammen, ja denn so kann,
Bei Deinen nicht schon sein,
Sobald man kann es bleiben soll,
Zusammen fein zu sein.

Wenn einmal in der Nase,
Hast manchmal Du in Ruh,
Die Plattform in der Tasche hast,
Und treibst in allem zu,
So wittert aus den Mitteln,
In Spanien aus und ab,
Der Blumen Augenbrauen senkt,
Mit Asien und in Trapp.

Karl Valentin

Expressionistischer Gesang

Wie die Maler heute malen
Wie der Dichter heute dicht
So will ich jetzt humoristeln
Ob es gut ist oder nicht.

Kanapee glüht Meeresfreiheit
Lippen blau aus Abendrot
Stille Nacht in Marmelade
Edle Kunst, behüt dich Gott.

A - b - c - d - e - f - g - h
I - k - 1 - m - n - o - p
Qu - r - s - t - u - v - w - x
Ypsilon - z - f - f - f *(drei Pfiffe)*

La la la la la la la la
La la la la la la li
Li li li li li li li li
Li li li li li li la.

In der Nacht die Sterne funkeln
Und der Rundfunk funkelt auch
Funkeln tun auch die Karfunkeln
Und ein funkelnagelneuer Anzug auch.

Wer will unter die Soldaten
Der muß haben ein Gewehr

Das muß er mit Pulver laden
Und so weiter und so wei – ter.

Ein Gewitter ist im Anzug
Dieses leuchtet mir nicht ein
Ein Gewitter in der Hose
Das könnt leichter möglich sein.

Leiser Sturmwind heult in Strömen
Wenn die Katze kikerikiet
Und der Vater melkt die Enten
Wenn der Lineburger blüht.

Wenn die Blätter leise klappern
Und das Bächlein fließt bergauf
Saust das Dampfschiff durch die Wälder
D'Gmütlichkeit hört sich dann auf.

Wenn die Ringelnatter ringelt
Und die Fischlein gehn zu Fuß
Hört! Die Osterglocken pfeifen
Was sein muß, das muß sein muß.

Hundekuchen frißt die Katze
Und ein Kompaß singt Tenor
Und es sinkt der Barometer
Das kommt jedem spanisch vor.

Wenn die Reblaus rebiglauselt
Und das Dünnbier ist zu dünn

Billige Heimat sei gegrüßet
Mei Vater war a Weanerin.

Sauerkraut ist kein Getränke
Denunzieren tut ein Schuft
's beste Flugzeug wär ein Unsinn
Gäbs im Freien keine Luft.

Ob es heiß ist oder kälter
Ob es warm ist oder weit
Ob es kühl ist oder lustig
Ja, so ändert sich die Zeit.

In Berlin, in Prag und Hamburg
Auch in Bremen und Bayreuth
Auch in Salzburg und am Chiemsee
Und auch in Holzapfelskräut.

Und zum Schlusse muß ich schlusseln
Nehmet eure Hand in d' Hand
Schlagt dieselben oft zusammen
Das wird dann Applaus genannt.

Jens Rehn

Con sordini – Eine Suite Nonsens

1

text hoch n

nimmst du den finger nur den finger
und
nimmst mit dem finger zusammen
mit
dem anderen finger nur diesen auch finger also
finger eins mit zwei zusammen
    gleich
zwei finger finger eins plus zwei diese
    fingersumme
so hast du also zwei finger nicht in der nase
    nur
piksolo ein finger findet dort raum und die
    moderne
literatur und zwar solo

2

Liebe mit Zusatz

Also Paradiesavögels
flatternsen leichter Wortei
zwischen unsr, vollgesogens
mitti ungewußterse Süßei.

Eini Läöcheln wohnta
unters dero Sornne,
beieinah sog hochhut
wies dasa Wolnkentohr,

undo ims Schlarf ruhlt dier Tiefé.
Ihrem Träumens abert hiängen
unters dero Oberfläche
wien athmende Fischké.

3

Gedicht mit Wegsatz

....
s' ge und las
dn glühepen Herbs s'ch beschließn.
Stehn de Astern n' höchste
Farbn: de Wünsch vrwelken,
un bal dhin is

dr Mut dr Torn.
Tif 's und alls zrbrchend
letze Vrgärun ds Somers
'nd dr Volendg ser nahe:
s' ge und las
dn glühenen Herbs s'ch beschlißn.

4

Tauschgeschäft

Es sind viele Wege zu sehn:
links rechts in der Quitte.
Es sind viele Götter zu gehn:
Orange Dattel und Mitte.
Es sind viele Dinge immun:
rechtwinklig schiefe und schade.

Niemand ist völlig zu tun:
meistens ist es gerade.
Orange Dattel und Mitte:
Der Jüngling umarmt viele Rädchen,
zwischen Menschen gibts keine Quitte:
die Sonnenuhr hat keine Mädchen.

Curt Seibert

Die Dichter-Flöte

Neulich fragt' ich meine Dichter-Triller-Flöte:
»Wer war größer, Schiller oder Goethe?«
»Goethe, Goethe«,
Sprach die Dichter-Triller-Flöte.

Doch dann fragt' ich meinen Dichter-Flöten-Triller:
»Wer war größer, Goethe oder Schiller?«
»Schiller, Schiller«,
Sprach der Dichter-Flöten-Triller.

Doch dann fragt' ich meine Triller-Dichter-Flöte:
»Wer war größer, Schiller oder Goethe?«
»Goethe, Goethe«,
Sprach die Triller-Dichter-Flöte.

Doch dann fragt' ich meinen Flöten-Dichter-Triller:
»Wer war größer, Goethe oder Schiller?«
»Schiller, Schiller«,
Sprach der Flöten-Dichter-Triller.

Und so klärten weder Dichter-Triller-Flöte
Noch der Flöten-Dichter-Triller,
Weder Triller-Dichter-Flöte,
Noch der Dichter-Flöten-Triller:
War nun Schiller größer als der Goethe,
Oder Goethe größer als der Schiller?

Curt Seibert

Schniller

Fern von Madrid
Auf seines Daches Zinnen
In seiner Kaiserpracht
Saß König Franz.
Wie wird mir?
Brüllt er mit vergnügten Sinnen,
Was ist das Leben ohne Liebesglanz?

Der Helm ist mein,
Das ist das Los des Schönen
In seines Nichts durchbohrendem Gefühl,
Und will der Lorbeer hier sich nicht gewöhnen,
Platz, Platz!
O unglückselges Flötenspiel!

Leicht beieinander wohnen die Gedanken
Du hast's erreicht, Oktavio,
Spricht Zeus.
So ford'r ich mein Jahrhundert in die Schranken,
Denn nur die Liebe ist der Liebe Preis.

Des Lebens Mai blüht einmal und nicht wieder,
O Königin, das Leben ist doch schön,
Das aber denkt ganz wie ein Seifensieder.
Max, bleibe bei mir, bleib ...
Der Mohr kann gehn.

Blendwerk der Hölle,
Du bist blaß, Luise,
Was ist der langen Rede kurzer Sinn?
Ein Augenblick gelebt im Paradiese,
Das ist die Stelle, wo ich sterblich bin.

Und sieh, er zählt die Häupter seiner Lieben,
Das Spiel des Lebens sieht sich heiter an.
Kurz ist der Schmerz,
Das Phlegma ist geblieben,
Die Axt im Haus erspart den Zimmermann.

Es wächst der Mensch mit seinen größren Zwecken,
Eng ist die Welt und das Gehirn ist weit,
Spät kommt Ihr, doch Ihr kommt
Den Leu zu wecken,
Ernst ist der Anblick der Notwendigkeit.

Der Lebende hat recht, den Leib zu malen,
Wer wagt es, was die innre Stimme spricht?
Nacht muß es sein, wo Friedlands Sterne strahlen,
Unsinn, du siegst
Und Minna kennt mich nicht.

Sita Steen

Ein Glied von Schillers Locke

Und drinnen waltet die putzsüchtge Hausfrau:
Sie füttert im Stalle die hochfrüchtge Haussau,
die Mutter der Vierpfünder,
mit Futter für vier Münder,
und lebet weise
und webet leise
und lehret die Mädchen
und mehret die Lädchen
und strickelt und webet
und wickelt und strebet,
Gewinne zu mehren,
der Minne zu wehren,
und müht sich ohn' Ende, mit Fleiße zu sticken,
die Strümpfe zu stopfen, die Steiße zu flicken,
und füllet mit Schätzen und hehren Laken
die Schreine, die Truhen, die leeren Haken
und spinnet zum Faden die schimmernde Wolle
und findet zum Spaten die wimmernde Scholle
und nutzet die Kräfte und ganze Glut
und zeigt sich im festlichen Glanze gut –
trotz scheußlichem Harm
mit häuslichem Charme!

Unbekannter Verfasser

Schiller-Potpourri

Fern von Madrid, auf seines Daches Zinnen,
In seiner Kaiserpracht saß König Franz.

Wie wird mir? ruft er mit vergnügten Sinnen.
Was ist das Leben ohne Liebesglanz?

Des Lebens Mai blüht einmal und nicht wieder.
Königin! o Gott! das Leben ist doch schön!

Aber das denkt wie ein Seifensieder:
Max, bleibe bei mir, bleib, der Mohr kann gehen!

Blendwerk der Hölle! du bist blaß Luise.
Was ist der langen Rede kurzer Sinn?

Ein Augenblick gelebt im Paradiese,
Hier ist die Stelle, wo ich sterblich bin.

Und sieh! Er zählt die Häupter seiner Lieben,
Das Spiel des Lebens sieht sich heiter an.

Kurz ist der Schmerz, das Phlegma ist geblieben.
Die Axt im Haus erspart den Zimmermann.

Es wächst der Mensch mit seinen größern Zwecken,
Eng ist die Welt und das Gehirn ist weit.

Spät kommt ihr, doch ihr kommt, den Leu zu wecken;
Ernst ist der Anblick der Notwendigkeit.

Der Lebende hat recht, den Leib zu malen.
Wer wagt es, was die innre Stimme spricht?

Nacht muß es sein, wo Friedlands Sterne strahlen.
Unsinn! du siegst, und meine Minna kennt mich nicht.

Heinrich Seidel

Es war ein Traum!

Es war ein Baum,
Der sollte Früchte tragen,
Er aber trug sie nicht!
Es war ein Traum! –

Am Waldessaum
Der Fink sollt Lieder schlagen,
Er aber schlug sie nicht!
Es war ein Traum!

»Hoffnung ist Schaum!«
Wird der Verleger sagen,
Kaufen dein Buch sie nicht!
Es war ein Traum!

Christoph Meckel

Ohrenklingen

Ich weiß nicht, weiß nicht,
was soll es bedeuten,
lirum larum — rufe es hierum,
hörte es läuten, sag es darum.

Lirum larum,
buchstabier mir
das Abc,
hierum darum
weiß ich nicht, wierum
laufen die Füße
im Schnee.

Ich weiß nicht,
weiß nicht,
was soll es bedeuten:
Schnee, wo ich geh,
lirum lorum,
warum darum –
hörte es läuten, weiß nicht, worum
dreht sich das Abc.

Ich weiß nicht, weiß nicht,
was soll es bedeuten,
lirum larum — rufe es hierum
hörte es läuten, sag es darum.

Klapphornverse

Unbekannter Verfasser

Klapphorn-Verse

Zwei Knaben machten sich den Jokus
und tranken Most im Keller,
da mußten beide auf den Lokus,
jedoch der Most war schneller.

Zwei Knaben stiegen auf einen Baum,
sie wollten beide Äpfel klaun.
Sie fanden keinen Appel,
der Baum, der war 'ne Pappel.

Zwei Knaben gaben sich einen Kuß,
der eine, der hieß Julius,
der andere hieß Gretchen,
ich glaub', das war ein Mädchen.

Zwei Knaben stiegen auf einen Gletscher,
sie wurden matsch und immer mätscher.
Da sprach der Matschere zum Matschen:
Komm, laß uns wieder runterlatschen.

Zwei Knaben zogen an den Nil,
den andren fraß ein Krokodil.
Der eine starb am Fieber,
drum geh nicht hin, mein Lieber!

Zwei Knaben gingen durch das Korn,
der eine hinten, der andere vorn,

's ging keiner in der Mitte,
das macht, es fehlte der dritte.

Zwei Knaben gingen durch das Korn,
der zweite hat seinen Hut verlor'n,
der erste würd' ihn finden,
ging' er statt vorne hinten.

Zwei Knaben gingen durch das Korn,
sie waren beide Feger des Schorn,
der eine konnte gar nicht fegen,
der andre fog brillant dagegen.

Zwei Knaben gingen durch das Korn,
der eine blies das Klappenhorn;
er konnt es zwar nicht richtig blasen,
doch blies er's wenigstens einigermaßen.

Zwei Knaben rieten kreuz und quer,
wo kommen Klapphornverse her?
Da sprach der andre: Horch,
die bringt der Klapphornstorch.

Christian Morgenstern

Klapphornverse

Zwei Knaben stiegen auf 'nen Baum.
Der Eine hatte einen Traum,
der Andre hatte keinen,
drum fing er an zu weinen.

Zwei Mädchen spielten einst Krokett,
die Eine mau, die Andre nett.
Dann kam noch eine Dritte,
die stand so in der Mitte.

Zwei Knaben turnten an dem Reck.
Der Eine stürzte in den Dreck,
der Andre, der blieb oben,
drum soll man ihn auch loben.

Zwei Knaben fuhren übers Meer.
Der Eine schrie: »O, welch Malheur!«
Der Andre aber wimmert':
»Das Boot ist schlecht gezimmert«.

Zwei Knaben gingen einst auf Stelzen,
die wollten sich vor Lachen wälzen.
Der Dritte aber dachte:
»Nanu, 'man sachte, sachte!«

Zwei Knaben saßen in der Bude.
Der Eine war aus Buxtehude,

der Andre war aus Menich.
Drum war er auch sehr splennig.

Zwei Damen saßen im Waggon.
Die Eine aß ein Fruchtbonbon,
die Andre aber dachte:
»Ich wollt' ich hätte achte!«

Zwei Neger kamen nach Berlin.
Der Eine war ein Jüngling grün,
der Andre sagte: »Haia!
Was heißt denn nur Poss Neya?«

Hans Arthur Thies

Klapphornverse

Zwee Gnaben daden e Wertshaus besuchen;
Der andere rief: »E Schälche Heeßen mit Guchen!«
Der eine schrie nach Bier und Kalbshaxen:
Der war Se nämlich nich aus Sachsen.

Karl Valentin

Klapphornverse

Zwei Knaben stiegen auf einen Baum,
Sie wollten Äpfel runterhaun;
Am Gipfel drobn wurds ihnen klar,
Daß das a Fahnenstange war.

Zwei Herren taten mitsammen raufen,
Sie mußten beide heftig schnaufen;
Ich denk mir halt, die solln nicht raufen,
Dann müssens auch nicht so fest schnaufen.

Ein Kätzlein sagte zu dem andern,
Ich glaube schon ans Seelenwandern,
Die andere sprach, du hasts erraten,
Morgn sind wir vielleicht Hasenbraten.

Zwei Knaben fingen ein Eidachsel,
Der wo es gfangt hat, der hieß Maxel,
Der andere packte es beim Schwanzel
Und dieser Knabe der hieß – Gabriel.

Curt Seibert

Fröhliches Klapphorn

Zwei Knaben tranken alten Korn,
Der eine hinten, der andre vorn.
Da sprach der Vordre zum Hintern:
»Mit dem kann man gut überwintern.«

Zwei Knaben gingen durch ein Land,
Wo nicht ein einzges Wirtshaus stand.
Da sprach der zweite zum ersten:
»Das ärgert mich am mehrsten.«

Zwei Knaben fuhren durch einen Tunnel.
Der zweite meinte: »Gleich wird es hell.«
Da sagte der erste zum zweiten:
»Das läßt sich nicht bestreiten.«

Zwei Knaben fanden hundert Mark.
Der Schein war schon zerknittert stark.
Da sagt der eine: »Dieser Schein
Wird wohl vom Asbach-Uralt-Konto sein.«

Zwei Knaben fuhren zum Wintersport.
Da war der ganze Winter fort.
Der eine sagt: »Hier an der See
Ist im Sommer scheinbar wenig Schnee.«

Zwei Knaben kamen an eine Wand,
Wo sich kein einzger Weg mehr fand.

Da sprach der andre zum einen:
»Von Wegen seh ich keinen.«

Zwei Knaben saßen an dem Strand
Und hatten Seesand in der Hand.
Da sagte der eine: »Wo kommt am Meer
Nur immer der viele Seesand her?«

Zwei Knaben saßen auf einer Bank,
Die war einen Viertelmeter lang.
Da sagte der eine: »Was denkste?
Die Bank ist auch nicht die längste.«

Zwei Knaben lagen dos à dos
und waren ihres Lebens froh.
Da sagt der eine: »Dreh dich um,
Ich liege nicht gerne so herum.«

Zwei Knaben gingen durch den Wald.
Dem einen war ganz schrecklich kalt.
Da fing er plötzlich an zu schrein:
»Hier wird wohl bald der Nordpol sein.«

Zwei Knaben gingen Arm in Arm.
Dem einen war ganz furchtbar warm.
Da sagt der andre: »Das ist fein,
Hier wird wohl bald der Südpol sein.«

Zwei Knaben stiegen auf einen Berg,
Da saß ein furchtbar kleiner Zwerg.

Da sagt der eine: »Der ist so klein,
Das kann kein richtiger Riese sein.«

Zwei Knaben gingen durch eine Wies',
Dort lag ein furchtbar großer Ries'.
Da sagt der eine: »Der kommt vom Berg,
Das ist gewiß ein großer Zwerg.«

Zwei Knaben saßen an dem Strand
Und wuschen die Füße mit Meeressand.
Da sagt der eine: »Dein Herz soll rein
Wie meine gewaschnen Füße sein.«

Zwei Knaben saßen im Salat
Und wollten spielen Männerskat.
Da sagt der eine: »Sieh mal an,
Jetzt fehlt uns nur der dritte Mann.«

Zwei Knaben machten mal 'ne Fahrt.
Der eine trug 'nen langen Bart
Und auf dem Kopf war grau sein Haar.
Ob das nicht ein alter Knabe war?

Zwei Knaben machten einen Bummel
Und fanden 'nen Zigarrenstummel.
Sie rauchten eine längre Zeit,
Den Rest verschweigt die Höflichkeit.

Zwei Knaben fuhren nach Köln hinein
Und tauchten ihr Taschentuch in den Rhein.

Da sagt der eine: »'s hat wenig Sinn,
Es ist ja kein Kölnisch Wasser drin.«

Zwei Knaben fuhren nach Berlin,
Der eine dick, der andre dünn.
Da sprach der Dicke zu dem Dünnen:
»Hier wollen wir Seide spinnen.«

Zwei Knaben fuhren nach Berlin,
Der eine dick, der andre dünn.
Da sprach der Dünne zum Dicken:
»Das muß uns erst mal glücken.«

Zwei Knaben fuhren nach Berlin,
Der eine dick, der andre dünn.
Da sprach zum Dünnen der Dickste:
»Hier hat nur Glück der Schickste.«

Zwei Knaben fuhren nach Berlin,
Der eine dick, der andre dünn.
Da sprach zum Dicken der Dünnste:
»Ich glaube, mein Lieber, jetzt spinnste.«

Zwei Knaben gingen durch ein Hotel,
Der eine langsam, der andre schnell.
Da sprach der Schnelle zum andern:
»Kannst du nicht langsamer wandern?«

Zwei Knaben kamen an ein Hotel,
Der eine drehte die Drehtür schnell.

Der andere dahinten
Konnt sich hindurch nicht finden.

Zwei Knaben gingen in ein Hotel,
Der eine rannte die Treppen schnell.
Der andere den Fahrstuhl nahm.
Man weiß nicht, ob er runter kam.

Zwei Knaben traten in ein Hotel.
Sofort war der Portier zur Stell'.
»Ham Sie zwei Zimmer ohne Betten,
Weil wir gern gestanden hätten?«

Zwei Knaben kamen in ein Hotel.
Der eine war ein wüster Gesell.
Man nahm sie nicht auf, die beiden.
Der andre mußt' drunter leiden.

Zwei Knaben kamen in ein Hotel.
Im Gang da hing ein Katzenfell.
Da sagt der eine: »Ich hab's geraten,
Es roch mir gleich nach Hasenbraten.«

Zwei Knaben kamen in ein Hotel.
Auf einmal hörten sie Hundegebell.
Da sagt der eine: »Das ist fein
Der kann noch nicht im Gulasch sein.«

Zwei Knaben saßen in einem Hotel.
Sie bimmelten mit 'ner großen Schell –

Sechs Ober bewegten ihre Füße.
»Kollege kommt gleich«, sagten diese.

Zwei Knaben saßen in einem Hotel.
Der eine trank Dunkel, der andre trank Hell.
Der andre sagt: »Das helle Bier,
Das scheint mir ziemlich dunkel hier.«

Zwei Knaben schliefen im Hotel.
Die Nachttischlampe brannte grell.
Da sagt der eine: »Solang sie brennt,
Hat's keinen Sinn nicht, daß man pennt.«

Zwei Knaben wohnten in einem Hotel.
Der eine hatte 'ne Dauerwell',
Der andre hatte glattes Haar.
Ob das vielleicht ein Pärchen war?

Zwei Knaben fielen in den Rhein
und fingen furchtbar an zu schreien.
Ob sie wohl ersoffen?
Wolln wir das beste hoffen.

Unbekannter Verfasser

Klapphorn-Verse

Zwei Knaben gingen durch das Korn,
Sie gingen alle beide vorn,
Denn hinten konnte keiner gehn,
Da hinten war die Luft nicht schön.

Zwei Knaben gingen durch das Korn,
Dem einen war die Nas' erfrorn.
Wie kam denn das im Sommer?
Das war ja grad der Kommer!

Schüttelreime

Unbekannter Verfasser

Wortspielerei zur Erheiterung bei anhaltendem Regenwetter

Ein schauerlicher Localregen.
Ein localer Schauerregen.
Ein regnerisches Schauerlocal.
Ein schauerliches Regenlocal.
Ein regnerischer Localschauer.
Ein localer Regenschauer.

Benno Papentrigk

Schüttelreime

Idyll

Eckermann begann seine Laufbahn in Winsen an der Luhe als Hirtenjunge.

Auf Winsen sich die Ruhe legt,
Kein Windeshauch die Luhe regt.
Da hebt Gemuh, Gemecker an:
Die Herde heim treibt Eckermann.

Drei Anmerkungen

Warum sie im Theater Kleist geben?
Sie wolln ans Haus die Marke Geist kleben.

Ihr Freunde, haltet mit Symbolen Haus,
Sie sind ein Zeichen oft des hohlen Baus.

Und wäre auch das Rassische klar,
So bliebe doch das Klassische rar.

(während des »Dritten Reichs«)

Taufworte orphisch

Heiliger Taufakt:
Mahd wird gesät.

Seliger Auftakt:
Saat wird gemäht.

Als W. P. einen schönen Titel erhielt

Wer das Zeug zum Schüttelgereim hat,
Der ist der geborne Geheimrat!

Hans Arthur Thies

Schüttelreime

Das erste Schütteln

»Herr Ober, kommt die Eierspeise,
Noch ehe ich nach Speyer reise?«

»Ich wollte doch ein Pichelsteiner,
Dies sind ja lauter Stückel Beiner!«

Mikrochirurgie

Das ist fürwahr ein Meisterstück:
Er operiert im Steiß der Mück.

Grönländische Küsse

Das Eichkatzel schätzt den Haselnußkern,
Die Eskimomaid den Naselkußkern.

Ausreichender Grund

Ich muß mein Herz an Lotte ketten;
Sie macht die besten Koteletten.

Finis

Man sagt, wenn man den Kopf fest rüttel', schäume
Der Geist auf, – und das gäb' dann Schüttelreime.

C. Palm-Nesselmanns

Schüttelreime

Ja – Wer?

Wer schriebe wohl mit Charme Gedichte
von einer dummen Darmgeschichte?

Zahnsorgen

Von dannen nach und nach die eignen Zähne trollen.
Ade! Laß ihnen still mich eine Träne zollen.

Ihr seht mich scheinbar planlos zaudern.
Meint ihr, ich könne zahnlos plaudern?

»Die ich rief, die Geister ...«

Wie leicht läßt sich der Schüttelreime Schwall verwenden!
Sie dringen auf mich ein! Wollt ich sie all verschwenden,
So würde schließlich ich im Schüttelschwall verenden.

Im zoologischen Garten

Bei Affen ist das pausenlose
und unentwegte Lausen Pose.

Meinem Freunde H. H. P.

*»Das größte aller Meisterstücke
der Schöpfung ist der Steiß der Mücke.«*

Das hast Du mir vor dreißig Jahren einst gesagt.
Ich habe Dir zu widersprechen nie gewagt.
Doch endlich, lieber Hans, hat's mich dazu getrieben.
So hab' ich schmunzelnd jüngst nach England
Dir geschrieben:

Ich kenne einen stillen Greis,
Der preist noch mehr den Grillensteiß.

Selbstvorwurf

Gedanken solltest du – in Ruhe schüttelnd – raffen,
nicht Unsinn immerzu – am Sprachbau rüttelnd – schaffen.

Schüttelreime

Die Tintenmenschen, die ihr Leben lang nach Akten
fahnden,
wenn sie doch endlich etwas von den Fakten ahnten
(dieses Epigramm dann höflich berichtigend)
Die Tintenmenschen hissen stolz auf ihren Akten Fahnen.
Sie werden niemals etwas von des Lebens Fakten ahnen.

(Dazu, beiseite):
T ist nun mal mitnichten D.
So kannste doch nich dichten, nee.

Wilhelm Pinder

Schüttelreim

Den Arm um sie geschlungen zag,
fragt er mit sanftem Zungenschlag:
»Was war das für ein Schlangenzug,
der mich in deine Zangen schlug?«

Curt Seibert

Schüttelreime

Der Elefant spuckt Rüsselschleim
Auf jeden bessren Schlüsselreim.

Es sprach der Herr von Rubenstein:
»Mein Hund, der ist nicht stubenrein.«

Den Degen schwang Herr Rosenstein
Und sprach: »Paß auf, ich stoß ihn rein.«
Da sprach der Herr von Reckenstein:
»Gemach, mein Sohn, ich steck ihn rein.«

Ach, wenn ich an dem Himmelbett
Zum Wecken eine Bimmel hätt!

Ich kauf dir einen Stecken eher
Als daß du wirst ein Eckensteher.

Vor Angst bekam sie Kreidehaut
Und sank dann in das Heidekraut.

Im Gasthaus »Zu der fröhlichen Sau«
Gedacht er seiner seligen Frau.

Im Walde hört man Kinder heulen,
Da gibt's was auf die Hinterkeulen.

Der Raucher läßt beim steifen Föhn
Zigarren und die Pfeifen stehn.

Erst als sie Geld in Menge hatte,
Kauft sie sich eine Hängematte.

Man sagt', er sei ein stummer Denker,
Dabei war er ein dummer Stänker.

Und abends bei dem Brandunglücke,
Da stand er auf der Landungbrücke.

Das ist doch wohl kein krasser Wahn,
Da hinten tropft der Wasserkran.

Sie saßen in dem Ruderboot,
Da ward sie unterm Puder rot.

Ach laß doch bloß die Gemmen stehn,
Wir wolln mit Hanteln stemmen gehn.

Ich hab heut so 'ne heiße Wut,
Da schützt nicht mal der weiße Hut.

Der Weise hat 'ne Denkerstirne,
Die Stallmagd ist 'ne Stänkerdirne.

Heinrich Seidel

Begnüge dich, Liebste!

An Eveline

Motto: Wohl kann ich dich zum
Chokoladenladen laden,
Doch nicht mit dir in
Baden-Baden baden.

Ich kann dir nicht, was andre schenken, schenken
Und nicht die Welt aus den Gelenken lenken.
Du darfst dich nicht auf Schmuck und Spitzen spitzen.
Wirst nicht mit mir auf goldnen Sitzen sitzen,
Jedoch, der ich des Dichters Habe habe,
Vermag es, dass dich and're Labe labe:
Schon fühl' ich es von Liederkeimen keimen,
Ich will sie dir in gold'nen Reimen reimen,
Dass dir gar lieblich ihr Getöne töne,
Und dich der Verse Schmuck verschöne, Schöne.

Franz Mittler

Schüttelreim

Wenn du was mit der Lucy hast,
Sich schenken einen Hut sie laßt.
Auf Schnitzel mit Salat sie hust',
Doch auf Champagner hat sie Lust.

Franz Mittler

Gülden Venus

An einem Hof, bekannt ob strenger Sitten,
Um's Thema »Liebe« ein paar Sänger stritten.
Und ein Tenor singt voll Tannheiserkeit
(Er tauschert stolz mit keinem Kaiser heut).
Er schwärmt von einem Puff, dem Hörselberge,
Wo's immer fesch bei Börsel hergeh'.
Wo eine Göttin, schön und gülden, Venus
Ihm jüngst verhalf zu wüldem Genuß.
Die Ritter schrein voll Neid und Grimme: Stechts'n!
Zurück! hört man da Lieserl's Stimme krächzen.
Den Wüschtling, der gefrönt des Leibes Wünschen,
Wollt's ihr im Beisein eines Weibes lynchen?
Vergebung gibt's in Rom für feine Sünden,
Dort wird er's sicher auch für seine finden!
Drauf zieht er hin nach Rom mit bloßen Füßen,
Die Tränen, die um ihn geflossen, büßen.
Auf dem Balkon schon zeigt sich grad der Papst,
Als ihm den Pilgerstab ein Pater krapst!
Da wird ihm gleich die ganze Reu und Buß' fad,
Er fährt nach Haus und nimmt ein warmes Fußbad.

Lothar Selow

Schüttelreime

Frühling

Der Schnee in meiner Stube taut,
der Senf sich in der Tube staut.
Der Apfel fällt, die taube Stut'
fragt, was der Spatz im Staube tut.

Minnesangs Frühling

Der Minnesänger Fleider ließ
nichts aus. Er sang vom Flieder leis.
Sein Wams war warm, doch leider, Vlies
beflügelt seinen Liederfleiß.

Doch da man ihn nicht weiter ließ
am Zaun, wohin die Leiter wies,
so sang er beim Gewitter leis
die Fliederlieder literweis'.

Unfall im Gebirge

Wenn ich kletternd hin zum Sohne eile,
wetze ich mir ab die eine Sohle.
Hoch am Felsen stehen seine Ole-
anderbüsche, die er ohne Seile
kaum erreichte. Darum so'ne Eile.

Lynchjustiz

Wer will die Schuld von diesem Vater testen?
Zwar, in das Herz des Sohnes tat er festen
und guten Geist. Doch die den Täter faßten,
erkannten, wie vergeblich Väter tasten.
Gleichviel, die scharfen Schergen taten
später Gift ins Getränk dem Gartenspaten-Täter.

Sommerfahrt

Die Hitze fast den Wagen grillt,
die Maid, um Luft zu kriegen, wallt
indem sie in den Kragen wild,
in meinen, sich beim Wiegen krallt.

Riesenliebe

Wo immer ich den Riesenleib
im Gras an meiner Liesen reib,
stets spüre ich am leisen Rieb:
Mit mir hat sie das Reisen lieb.

Einmal kam ein Gewitter leis,
der Regen fiel fast literweis.
Zum Laubdach ich, der Leiter, wies
und sprach: Wir machen weiter, Lies!

So halte ich bei Liesen Rast,
und sie genießt des Riesen Last.
Ihr andern, wie wir lasen, rißt
gleich aus. Euch fehlt die Rasenlist.

Erich Mühsam

Schüttelreime

(auf einen Mädchenvornamen)

Das war das Fräulein Liebetraut,
Das an den Folgen einer Traube litt.
Quälend rumorten ihre Triebe laut,
Weshalb sie schnell in jene Laube tritt.

Schüttelreim

An der Liebe Niederlagen
läßt der Dichter Lieder nagen.

Eugen Roth

Geschütteltes

Du sollst dein krankes Nierenbecken
Nicht mit zu kalten Bieren necken.

Auch müßtest du bei Magenleiden
Den Wein aus sauren Lagen meiden.

Glaub nicht, daß alle Zungen lügen,
Die warnen vor den Lungenzügen.

Auf Pille nicht noch Salbe hoff,
Wer täglich dreizehn Halbe soff.

Wer kann mit frohem Herzen schmausen,
Wenn tief im Stockzahn Schmerzen hausen?

Du spürst der ganzen Sippe Groll
Die pflegen dich bei Grippe soll.

Statt jeden, der noch lacht, zu neiden,
Am Neid dann Tag und Nacht zu leiden.
Sich Kummer, weil man litt, zu machen:
Ists besser, selbst gleich mitzulachen.

Heinz Erhardt

Schüttelreime

Im Juli gibt es heiße Nächte,
dann fängt man in der Neiße Hechte.

Es würgte eine Klapperschlang,
bis ihre Klapper schlapper klang.

Ich kann nichts dafür, daß der Mond schon scheint,
und daß nicht der Mond seinen Mondschein schont,
und daß Frau Adele im Wohnheim weint,
weil sie nicht wie früher in Weinheim wohnt.

Nur Wasser trinkt der Vierbeiner,
der Mensch, der findet Bier feiner.

Heinrich Seidel

An meine Laute

Im leisen und im lauten Spiel
Ertöne süß mein Lautenspiel,
Und muß ich um was Liebes leiden,
Verkläre du mein Liebesleiden
Und laß dein holdes Saitenklingen
Wie Gold nach allen Seiten klingen,
Daß niemand ahnt beim Liederklang,
Wie nur aus Schmerz mein Lied erklang.

Unbekannter Verfasser

Schüttelreime

(für stumme Denker und dumme Stänker)

Es klapperten die Klapperschlangen,
bis ihre Klappern schlapper klangen.

Warum trinken Warzenschweine
immer nur vom schwarzen Weine?
Weil sie, wenn sie weißen hätten,
würden anders heißen. Wetten?

Der Vater auf der Liege wacht.
Der Säugling in der Wiege lacht.
»Bleib nur in dieser Lage, Wicht,
dann stört dich nicht das vage Licht!«

Carl Amery

Wüste Bärte

Der Bart als grauer Weste Bürde
ist stets des Mannes beste Würde.
Drum Jünglinge, tragt wüste Bärte,
daß euer Kopf zur Büste werde.

Unbekannte Verfasser

Ich fuhr auf einem Leiterwagen …

Ich fuhr auf einem Leiterwagen,
wo Steine und so weiter lagen.

»Was macht ihr mit der Fackel dort?«
»Wir treiben hier den Dackel fort.«

In der ganzen Hunderunde
sah man nichts als runde Hunde.

Menschen mögen Möwen leiden,
während sie die Löwen meiden.

Ins Teppichhaus die Käufer laufen,
sie alle wollen Läufer kaufen.

Wilhelm Weischedel

Der trunkene Philosoph in Schüttelreimen

Wer nie sein Brot mit Philosophen aß,
wer nie gedankenvoll am Ofen saß,
wer niemals schwanger von Ideen, wachte,
wer niemals in des Geistes Wehen dachte,
wer über allzu tiefes Denken lachte,
sein Leben ohne Geist zu lenken dachte –
des Wissen mag zwar durch das meiste geistern,
er wird doch nie das All im Geiste meistern.

Man spottet oft ob solchen Wundergreisen:
sie wollen aller Dinge Grund erweisen.
Doch gebe man auf den Gelehrten acht,
dass man nicht über den Geehrten lacht.
Mag ihm auch vor des Chaos Schoße grauen:
Er kann im Kosmos doch das Große schauen;
weil zu der Gottheit seine Träume ragen,
darf er im Innern ew'ge Räume tragen.
Denn was ein Denker auch im Guten leiste,
er dankt's zuletzt dem absoluten Geiste.

Doch mußt du, willst du dich zum Wahren finden,
dich vorher noch durch viel Gefahren winden;
oft droht dich dunkle Nacht des Nichts zu lähmen
und dir den letzten Strahl des Lichts zu nehmen,
und es passiert dir, dass du a) gelangst
in der geworfnen Daseinslage Angst,
und b), erweist du in der Not dich tüchtig,
so macht am Ende doch der Tod dich nichtig.

So fühlt man oftmals sich im Leeren schweben
in einem allzu geistesschweren Leben.
Man kann nicht stets im Unerreichten leben,
drum braucht man auch den Saft der leichten Reben,
der uns die Seele metaphysisch nährt,
der durch den Geist uns dionysisch fährt.

Der Denker sich vom Wein befeuchten lasse,
damit er recht des Geistes Leuchten fasse;
denn mancher erst in der Befeuchtung Land
den Geist der tieferen Erleuchtung fand.
Es hat das wahre Wort vom Sein gewagt,
wer es, erfüllt von dunklem Wein, gesagt.

Wer ist's, der ihn ob solcher Ethik tadelt,
wo ihn zutiefst die Antithetik adelt?
Drum weh dem Geiste, der das harmlos Schöne
mit skeptischem Gemüt als charmelos höhne!
Greift man dabei auch mal die Töne schief:
nur durch den Wahnsinn wird das Schöne tief.

Limericks

Curt Seibert

Limericks

Da war mal ein Mann in der Wüste,
Der dort seine Sünden verbüßte.
Er fing mit der Hand
Jede Fliege an der Wand.
Dabei ist keine Wand in der Wüste.

Da war mal ein Mann auf der Straß,
Der trug einen Ring durch die Nas.
Erst hat man gestaunt
Und dann hat man geraunt:
»Der da trägt einen Ring durch die Nas.«

Da war mal ein Mann mit 'nem Trick,
Den zeigt' er mit großem Geschick.
Er dreht' sich im Kreis,
So ganz sachte und leis
Auf der Nase, denn das war sein Trick.

Bazon Brock

Lümmelrück

Es war mal ein Mädchen aus Thorn,
das hatte sich heilig geschworn,
    seine Zukunft zu planen
    nach literarischen Ahnen,
jetzt hat sie ihren Gatten geborn.

Andreas Knoll

Limericks

Ein Erfinder, der braute in Uerzen
einen Duftstoff aus tausend Gewürzen,
doch ein Chemikal
war wohl ranzig und schal –
drum roch es nach 10.014.

Es klagt eine Klara in Klieben:
»Was hab ich doch Pech stets beim Lieben!
Der erste entlief,
der zweite entschlief –
der dritte, ach, ist mir geblieben!«

Zum Dieb sprach ein Bürger aus Würzburg:
»Gib alles zurück mir, na wird's Schurk?
Und willst du nicht, lach' ich,
denn deine Nas' mach ich
so blau-grün wie eine Gewürzgurk!«

Heut in Ditroit

Viel Autos verkehrn in Detroit,
dort radeln fast niemals Deloit.
Ein Radl in der Street
man selten dort seet,
weil man sich als Leiche nefroit.

Die Fremden von Sausemdem

Zwei Hippies sind da in Southampton,
die nie noch im Leben sich kampton.
        Sie schlafen im harbour,
        sind friedfertig, arbour
sie schneuzen sich nur in die Hampton.

Der Fall von Hall

Es pruhlt' eine Schwulbe aus Hull:
»Ich full heut rasanter uls Schull!«
        Beim Prull auf die Mauer
        des Schulls ward sie sauer:
Sie plutzt' infernulisch mit Knull.

Eugen Oker

Limericks

Eine Büchselmadam lebt in Weiden
vergnüglich in Samt und in Seiden.
Geht ihr aus der Kredit,
geht sie einfach zum Witt
und lebt dann halt eher bescheiden.
(Im Schnitt.)

Eine Nonne in Seligenporten
bäckt allerlei Sorten von Torten.
Den Teig tut sie kneten
und zwischendurch beten.
Am Abend dann raucht sie Importen.
(Wetten?)

Ein Graf in dem Schloß von Schwarzhofen
hielt Diener sich und auch noch Zofen.
Die tun ihn bedienen
mit schmeichelnden Mienen.
Wenn er fort ist, gehn die Männer zum Schwofen.
(Mit ihren Bienen.)

Ein Limerickdichter aus Pfreimd
weiß ziemlich genau, was sich reimt.
Doch wie er auch dichtet,
er ist ganz vernichtet,
weil nie ein Gedicht ihm erkeimt.
(Er sollte verzichten.)

Ein Pfarrer kam einst nach Maxhütte
und äußerte folgende Bitte:
Tut für jeden Segen
zehn Mark hinterlegen.
Das sei nun halt bei ihm so Sitte.
(Alte Bräuche muß man pflegen.)

Blau machte zwei Wochen in Lam
ein Lehrling von nördlichem Stamm.
Besonders genoß er
die Aussicht vom Osser.
Zurück fuhr er dann über Cham.
(Dort traf seinen Boß er.)

Ein Berg in der Näh von Hirschau
ist für jeglichen Fan eine Schau:
Da fahren sie Ski
im Sommer, und wie!
Im Winter, da kommt keine Sau.
(Vielleicht Sie?)

Das Wirtshaus in Weiding bei Stadlern
war Ziel einer Sternfahrt von Radlern.
Da sah man sie flitzen
mit besonderen Mützen,
geschmückt mit den Federn von Adlern.
(Es waren Schützen.)

Eine Steinhauerstochter aus Floß
macht hervorragend Schweiners mit Soß.
Kommt sie nicht ins Trödeln

sind auch Klasse die Knödeln,
nur ihr Sauerkraut ist nicht so famos.
(Sie sollt es veredeln.)

Ein Jogger lief eilig durch Pfatter
und wurde dabei immer matter.
Am Ende vom Ort
war zu Ende sein Sport:
er kam nicht mal mehr übers Gatter.
(Was für ein Tort!)

Es kam einst ein Marschall nach Pfrentsch,
der kaufte sich dort einen Trench.
Er trug ihn beim Siegen,
er trug ihn im Liegen,
daß er French hieß, das weiß jeder Mensch.
(Von seinen Kriegen.)

Kinderreime

Unbekannte Verfasser

Namensverse

Auguste

Unsinn, Auguste,
Heiraten mußt de!

Christian

Christian hat Hosen an,
26 Knöpfe dran.
Hätt' er keine Knöpfe dran,
Hieß' er auch nicht Christian.

Christine

Christinchen
Bibelinchen.

Eduard

Eduard, was machst du da?
Vater, ich studiere.
Eduard, das kannst du nicht.
Vater, ich probiere.

Elisabeth

Liesebeth
Ist dick und fett,

Ist kugelrund,
Wiegt hundert Pfund.

Else

Else Belse,
Niemand well se,
Kam der Peter Bloch
Und nahm sie doch.

Eugen

Eugen Kraft
Fiel in 'n Saft,
Fiel so tief,
Daß er rief:
Henner Klaus,
Zieh mich raus,
Kriegst 'ne dicke, fette Laus!

Unbekannte Verfasser

Abzählreime

1, 2, 3,
Schiebebäckerei,
Schiebebäcker Kompanie,
Und du bist ein dummes Vieh.
Warum bist du weggelaufen
Und schon wieder da?
Darum mußt du Strafe haben
Siebenundzwanzig Jahr.
Um was wollen wir wetten?
Um drei goldne Ketten!
Um ein Gläschen Wein –
Und du mußt es sein!

1, 2,
Polizei.
3, 4,
Offizier.
5, 6,
Alte Hex.
7, 8,
Gute Nacht!
9, 10,
Kapitän,
11, 12,
Heulen die Wölf,
13, 14, 15, 16, 17, 18, 19, 20,
Die Franzosen zogen nach Danzig.
Danzig fing an zu brennen,

Die Franzosen fingen an zu rennen;
Ohne Strumpf und ohne Schuh'
Rannten sie nach Frankreich zu.

Ohne dohne
Dante rohne
Itta fitta futt!

Galleredde ispusedde
Ispusedde galleredde
Galleredde – aus!

Eene meene ming mang
Kling klang
Use buse packe dich
Eier weier – weg!

Annchen Dannchen
Diddchen Daddchen
Ewerde Bewerde
Bittchende Battchen,
Ewerde Bewerde Bu
Ab bist du!

Ong drong dreoka,
Lembo lembo feoka
Seoka di tschipperie
Tschipperie di Kolibri
Ong drong dreoka.

1, 2, 3, 4, 5, 6, 7,
Wo sind die Franzosen geblieben?
Zu Moskau in dem tiefen Schnee,
Da riefen sie: »O weh, o weh!«

Eckchen
Deckchen
Silberglöckchen,
Eckchen
Deckchen
Aus!

Unbekannte Verfasser

Parodien bekannter Texte

Er stand auf seines Daches Zinnen
Und schaute mit vergnügten Sinnen
Auf sechs belegte Brötchen hin.
»Dies alles ist mir viel zu wenig!«
Begann er zu dem Küchenkönig,
»Gesteh, daß ich ein Vielfraß bin.«

oder:

Er stand auf seines Daches Zinnen
Und grinste mit vergnügten Sinnen
Auf ein belegtes Butterbrot.
»Dies alles ist mir tänig unter«,
Begann er zu dem König munter,
»Gestehe, daß ich hungrig bin.«

Zu Dionys, dem Tyrannen, schlich
Dämon, den Dolch im Gewande.
»Was willst du mit dem Käsemesser? sprich!«
Entgegnet ihm finster der Wüterich.
»Kartoffeln schälen, verstehst du mich? –
Halt's Maul, du Schafskopf, sonst murks ich dich!«

Drum prüfe, wer sich ewig bindet,
Ob sich nicht noch was Bess'res findet.
Die Wahl ist kurz, die Reih' ist lang.

Hinaus in die Ferne
Mit Butterbrot und Speck,
Das ess' ich gar so gerne,
Das nimmt mir keiner weg.

Und wer das tut,
Den hau' ich auf den Hut,
Den hau' ich auf die Nase,
So daß sie blut't!

oder:

Und wer das tut,
Den schlag' ich auf die Schnutt'
Den schlag' ich auf die Nase,
Daß sie blut't.

Blaue Luft,
Käseduft,
Und der Mops hat Flöh',
Immerzu
Ohne Ruh'
Springen sie in die Höh'.
Heißa, wie die Würste braten
In der Pfanne Fett,
Werden sie mir nicht geraten,
Schmeiß' ich sie in'n Dreck.

Sieh da, sieh da, Timotheus,
Da fiel ein Herr vom Omnibus!

Wem Gott will rechte Gunst erweisen,
Den schickt er in die Wurstfabrik
Und läßt ihn an die Würste beißen
Und gibt ihm einen Zipfel mit.

Wer wagt es, Knappersmann oder Ritt,
Zu schlunden in diesen Tauch?
Den bechernen Gold werf ich hanib,
Verschlunden schon hat ihn der schwarze Schlung.
Wer mir den Zeiger kann wieder bechern,
Der mag ihn beeigen, er sei sein Halten.

Sieh da, sieh da, Timotheus,
Die Ibiche des Kranykus!

Da hört man auf den höchsten Stufen
Auf einmal eine Stimme rufen:
»Ist Bier gefällig, meine Herr'n?
Ißt jemand warme Würstchen gern?«

Unbekannter Verfasser

Eine kleine Dickmadam

Eine kleine Dickmadam
Reiste in der Eisenbahn;
Eisenbahn kracht,
Dickmadam lacht,
Lachte, bis der Schutzmann kam
Und sie mit zur Wache nahm.
Abends kam ihr Mann nach Haus,
Klopfte ihr die Hosen aus.

Kurt Tucholsky

Schnipsel

Warum lächelt die Mona Lisa
Weil sie
Hitkinsons Verdauungspastillen
eingenommen hat
und so
von ihrer lästigen Verstopfung
für immer befreit ist!
Wollen Sie
auch lächeln?
Dann …

Amerikanisches Inserat

Unbekannter Verfasser

Lügenmärchen

Ich will euch singen und will nicht lügen:
Ich sah drei gebratene Hühner fliegen,
Sie flogen also schnelle,
Sie hatten die Bäuche gen Himmel gekehrt,
Den Rücken nach der Hölle.

Ein Ambos und ein Mühlenstein,
Die schwammen zusammen über den Rhein,
Sie schwammen also leise.
Da fraß ein Frosch einen glühenden Pflug
Zu Pfingsten auf dem Eise.

Es wollten drei Kerls einen Hasen fangen,
Sie kamen auf Krücken und Stelzen gegangen;
Der Eine könnt' nicht hören,
Der Andre war blind, der Dritte stumm,
Der Vierte könnt' sich nicht rühren.

Nun will ich euch singen, wie es geschah:
Der Blinde zuerst den Hasen sah
Im Feld geschwind hertraben.
Der Stumme rief dem Lahmen zu,
Da faßt ihn der beim Kragen.

Es segelten etliche über Land,
Die Segel hatten sie in den Wind gespannt,
Und segelten auf den Feldern.
Sie segelten auf einen hohen Berg:
Da ertranken sie all' in den Wäldern.

Es ging ein Krebs auf die Hasenjagd:
Die Wahrheit kommt heraus mit Macht
Und bleibt nicht lang' verschwiegen.
Es lag eine Kuhhaut auf dem Dach,
Die war da hinaufgestiegen.

Hiemit will ich mein Lied beschließen,
Sollt' es die Leute gleich verdrießen,
Und will nicht länger lügen,
In meinem Land sind die Fliegen so groß
Als hier zu Land die Ziegen.

Franz Fühmann

Liedchen

In ihr Maushaus
lief die Hausmaus,
doch sie hielt's nicht lang drin aus,
denn im Dreckeck
lag viel Eckdreck,
und das war ein großer Graus.

In dem Wurmturm
ächzt ein Turmwurm,
und er ächzt so schauerlich,
weil der Fuchsluchs
mit dem Luchsfuchs
gestern ums Gemäuer strich.

In dem Zwergberg
sitzt der Bergzwerg,
und er sehnt sich jedes Jahr
nach dem Strandsand
fern am Sandstrand,
wo er mal auf Urlaub war.

Und der Dachslachs
huscht zum Lachsdachs,
den er aus der Schule kennt,
und der Spechthecht
ruft zum Hechtspecht:
Endlich ist das Lied zu End'!

Unbekannter Verfasser

Auf dem Berge Sinai

Auf dem Berge Sinai
wohnt der Schneider Kikeriki,
seine Frau, die Margarete,
saß auf dem Balkon und nähte,
fiel' herab, fiel herab,
und das linke Bein war ab.
Kam der Doktor angerannt,
mit der Nadel in der Hand,
näht es an, näht es an,
daß sie wieder laufen kann.

H. C. Artmann

auf dem berge ararat

auf dem berge ararat
wohnt der schneider drakulat,
seine frau, die nosfretete,
saß am särgelein und nähte,
fiel herab, fiel herab,
und der linke zahn brach ab.
kam ihr männchen angerannt
mit der nadel in der hand,
näht ihn an, näht ihn an,
daß sie wieder beißen kann.

Peter Härtling

Fundevogel

fundevogel, lieber reim:
siebenschlaf und honigseim –
plötzlich wacht der segen auf,
zögern ist sein lebenslauf.

dort wo andre länger wachen,
wacht er mit und schlitzt das lachen.
dort wo andre länger träumen,
hilft er, reisen zu versäumen.

find den vogel, lieber reim:
letzter schlaf und fliegenleim –
keiner spielt mehr, keiner lacht,
jeder hat sein nichts gedacht.

auf dem reim nach haus geritten –
fundevogel, kleines glück.
niemand wird den vogel bitten:
laß dich finden, komm zurück!

Peter Härtling

Murmelverse

niemand mag den schmurgelstein
tupfengleich und blink –
reib die nase glatt und rein
an dem schnurreschmirgelstein –
auf drei beinen hink.

pfropf den mond ins plunderhorn
glimmerdünn und weiß —
geh dann weiter ungeschorn
durch das krumme wunderhorn —
zahl den flunkerpreis.

Nachwort

Warum ein Nachwort?

Eine Anthologie mit Unsinnstexten der deutschen Poesie kann sich nicht mehr als Erstling gebärden: Solche Sammlungen hat es im 20. Jahrhundert immer wieder gegeben. Jede hat versucht, Texte in Auswahl und Anordnung darzubieten – und zwar in jeweils sinnvoller. Ein Widerspruch? Wohl kaum. Denn wer sich mit Nonsens-Poesie einlässt, muss eine Vorstellung davon haben, was überhaupt er denn unter diesem Begriff fassen will, was dann darüber hinaus zusammengehört, was weggelassen werden kann oder muss.

Ein Blick über einige Anthologien der letzten Jahrzehnte kann da schon recht erhellend sein. Versuchen die einen – etwa Wilhelm Höcks »Herr Je das Nichts ist bodenlos«* – die verschiedensten Spielarten des Nonsens in jeweils abgeschlossenen Kapiteln vorzustellen und auch zu reflektieren, bieten andere die Nonsens-Texte in historischer Anordnung. So etwa Peter Dencker, dessen »Deutsche Unsinnspoesie« in den Sprachspielen experimenteller Dichtung mündet, oder Peter Köhler, der im »Nonsens-Buch« die *Neue Frankfurter Schule* mit Robert Gernhardt, F. W. Bernstein, Friedrich Karl Waechter oder Eckhard Henscheid zu einem Zielpunkt der Entwicklung macht. Damit wird im einen Fall die Unsinnspoesie zum Ausdruck der Sprachkrise und zum Experimentierfeld avantgardistischer Literatur, im anderen die Nonsens-Dichtung zum Resultat gesellschaftlicher Entwicklungen und Zustände. In

* Die im Nachwort genannten Texte sind im Literaturverzeichnis nachgewiesen.

ihrem Genuss üben dann – um mit dem Medientheoretiker Norbert Bolz eine vergleichsweise aktuelle Einschätzung zu zitieren – die Intellektuellen »den Nonsens als Immunreaktion in Situationen ein, die ohne Antwort und Ausweg sind«. Unsinnsdichtung ist damit Ausdruck der Einschätzung: »Die Lage ist hoffnungslos, aber nicht ernst.«

Eine letzte Möglichkeit, mit Unsinnspoesie umzugehen, deutet sich in Anthologien zu Ende des 20. Jahrhunderts an: Nonsens-Poesie wird da zum Alters- und Bildungsschranken überschreitenden Ausdruck der Freude am Spiel mit der Sprache und gleichzeitig zum geeigneten Mittel, an dieses Sprachspiel heranzuführen. Hans A. Halbeys »Schmurgelstein so herzbetrunken« oder die entsprechenden Rubriken der Anthologien von Kinderlyrik von Hans-Joachim Gelberg wären hierfür populäre Beispiele. Didaktische Handreichungen für Lehrer greifen solche Texte als Muster auf und animieren zur eigenen Produktion mit Sprachmaterial. Hier fließt beides wieder zusammen: das literarische Experiment, dem es auf den Sinn nicht zuerst ankommen muss, und der postmoderne Pluralismus, der Sinnangeboten ohnehin skeptisch gegenübersteht. Im Blick auf die Geschichte der Unsinnspoesie wird aber auch deutlich, dass damit eine Rückkehr zu ihren Ursprüngen verbunden ist – aber dazu später.

Die hier unter dem Titel »Das lyrische Holzbein« präsentierten Texte wollen in Auswahl und Anordnung etwas anderes signalisieren. Dies zu begründen, ist die Aufgabe des Nachworts. Wenn sich damit neue Aspekte zur Ästhetik des Unsinnigen gewinnen oder zumindest schon einmal gewonnene Einsichten wieder in Erinnerung riefen ließen, wäre ein Ziel erreicht. Damit ist aber zugleich eingeschlossen, dass Auswahl und Anordnung von unsinnigen Texten nicht unsinnig sein können. Sie verfolgen vielmehr Ziele, die man sich als Herausgeber eingestehen sollte und die den Benutzern einer solchen Anthologie nicht verborgen bleiben müssen – auch wenn natürlich das Schmökern und Stöbern, das Herauspicken und Weiterspinnen, das Wiederfinden und Neuentdecken die vorrangigen Aufgaben von Anthologien bleiben werden und bleiben sollen.

Was ist Nonsens-Poesie?

Nonsens-Poesie ist – und das ist die These, die hinter der Anordnung steckt – nur möglich auf der Basis der Poesie, die Sinn konstituiert. Nur vor ihrer Folie kann sie überhaupt produziert und genossen werden. Das hat durchaus Konsequenzen für ihren gegenwärtigen Zustand und für den Kreis ihrer möglichen und tatsächlichen Leser. Es bedeutet aber auch, dass unter dieser Prämisse alle Formen, in denen dieses Spiel mit Sprache unbewusst ausgeübt wird, streng genommen nicht zur Unsinnspoesie gerechnet werden können. Dahin gehören zum Beispiel die Formen kindlichen Sprechens (von Kindern), weil diese ja darauf gerichtet sind, im Zusammenhang mit dem Erlernen der Sprache die Grenzen des Möglichen im sprachlichen Ausdruck auszuloten. Die Tautologie *kindliches Sprechen von Kindern* ist notwendig, weil ein nachgeahmtes *kindliches Sprechen* von kompetenten Sprechern mit den Fehlern, die man Kindern zugesteht, ja im vollen Bewusstsein der Möglichkeiten von Sprache geschieht.

Es gehören zu den auszuschließenden Formen aber eigentlich auch alle Formen des sprachlichen Experiments, die die Ausdrucksmöglichkeiten von Sprache auf der lautlichen Ebene erproben und erweitern wollen. Gerade die Lautpoesie seit den 20er-Jahren will ja eben nicht durch den Verzicht auf Semantik Unsinn hervorbringen, sondern die phonologische Qualität der Sprache in Dienst nehmen. Noch viel mehr gilt das für die Worthäufungen und klanglichen Experimente der Literatur des Barock, von denen sich immer wieder Beispiele in den Nonsens-Anthologien finden lassen. Was bereits in der frühen Neuzeit praktiziert wurde und sich dann wieder bei Ernst Jandl in den 60er-Jahren angedeutet hat, findet seine Bestätigung in modernen Formen der *ars akustica* oder des Hörkunstwerks. In der Kombination der menschlichen Sprache mit Naturtönen und musikalischen Elementen sollen sich neue Ausdrucksmöglichkeiten ergeben. Auch wenn sich hier die Sinnfrage im traditionellen Sinn nicht stellen wird, so bleibt doch unbestritten, dass Kunstwerke dieser Art mit der Charakterisierung als *unsinnig* oder *nonsensikal* doch eher unangemessen bewertet würden.

Es scheint, als beschreibe Robert Gernhardt in seinem Gedicht »Spaßmacher und Ernstmacher« das Verhältnis von Sinn zu Unsinn also durchaus zutreffend, wenn es darin heißt:

Groß sind die Ernsten. Auf hohen Kothurnen
Schreiten sie streng. Doch es ehrt sie die Menschheit,
Weil sie so streng sind. Nur ernstestes Schreiten
Leitet den Menschen zum höchsten der Ziele,

Zum Sinn. Rattenhaft aber folgen die Spaßer
Und hurtig dem Zug, denn sie wittern begierig

Das, was seit alters bei jeglicher Suche
Nach Sinn für sie abfällt: den Unsinn.
(in: R. G.: Gedichte. S. 294)

Der Text bringt das Verhältnis zwischen Sinn und Unsinn auf den Punkt. Zugleich qualifiziert er dieses auch: Es ist das zwischen Ernst und Spaß, zwischen dem hohen Kothurn der Tragödie und der fast gespenstischen Komik derer, die sich vom Abfall ernähren. Nun muss man bei Gernhardt nicht fürchten, dass er die »Spaßer« diffamieren möchte. Eher ist die Frage angebracht, ob die »Spaßer« notwendig die Nachhut sein müssen, ob also Ernsthaftigkeit und Komik zwingend von zwei verschiedenen Personen gelebt sein müssen. Es spricht eigentlich wenig dafür. Es gibt doch genügend Beispiele, dass gerade die Produzenten des *Ernsthaften* in der Lage gewesen sind und noch sind, sich über das Ernsthafte zu erheben und es ins Unsinnige zu ziehen, es dem Gelächter preiszugeben. Auch die vorliegende Anthologie präsentiert mit Matthias Claudius, Johann Wolfgang von Goethe, Victor von Scheffel, Friedrich Schlegel, Friedrich Theodor Vischer, Gottfried Keller, Bertolt Brecht oder Anton Kippenberg solche Autoren, die zwar nicht alle unbedingt in die Reihe der heute kanonischen Dichter gehören, die aber auch nicht als die Satiriker und Parodisten par excellence der deutschen Literaturgeschichte zu gelten haben.

Das schließlich scheint ein weiteres Merkmal von Unsinnspoesie zu sein: dass sie nämlich im Unterschied zu den komisierenden Verfahren der Parodie oder der Satire nicht darauf abzielt, den hohen Gegenstand, aus dem sie hervorgeht, zu kritisieren, herabzusetzen oder anzugreifen. Gernhardt skizziert das Verhältnis in seinem Gedicht ja auch nicht als eines der Opposition, sondern als eines der Koexistenz, wenn man es derb sagen will, ja sogar als eines des Schmarotzertums. Satire will etwas zeigen, um Veränderung herbeizuführen, Parodie will Texte vorführen, um deren Rezeption zu beeinflussen. Unsinnstexte wären keine mehr, würde ihr Sinn darin liegen. Warum aber gibt es sie dann?

Schon die Auswahl und Anordnung in der vorliegenden Anthologie versucht eine erste Antwort. Unsinnspoesie gibt es, weil das Bemühen um Sinn zur Dichtkunst gehört. Das Bemühen um Sinn findet allerdings unter anderen Bedingungen als in der Alltagssprache statt: Literarische Formen haben Regeln, denen die Verfasser literarischer Texte zu folgen haben. Sie beziehen sich nach der Auffassung traditioneller Ästhetiken des 19. und 20. Jahrhunderts auf die Angemessenheit von Formen und Inhalten. Ob jemand in der Anwendung dieser Regeln über eine besondere Kennerschaft verfügt, zeigt sich nicht zuletzt auch darin, dass er gegen die Regeln sowohl auf inhaltlicher als auch auf formaler Ebene souverän verstoßen kann, dass er eben nicht nur nach den Regeln, sondern auch mit den Regeln spielen kann. Ein Paradebeispiel für den bewussten, Unsinnigkeit herstellenden Regelverstoß auf der formalen Ebene ist Eichendorffs »Mandelkerngedicht«; auf der inhaltlichen Ebene sind es die zahlreichen, aber meist von namenlosen Autoren verfassten Lügengeschichten und -gedichte à la »Dunkel wars, der Mond schien helle«, die allen Fiktionalitätsregeln, denen Literatur sonst unterworfen ist, Hohn sprechen. Dazwischen liegen die vielen anderen Möglichkeiten der Unsinnspoesie, die in reiner oder kombinierter Form Verwendung finden: sei es die Hypostasierung von Regeln oder deren Neuformulierung, sei es die bewusste Entscheidung für unangemessene Gegenstände usw.

Das eigentlich macht Unsinnsdichtung aus. Es führt zwangsläufig auch zu Konjunkturen bestimmter Formen. Die bildungsbürgerliche Zuwendung zur Ballade seit der Gründerzeit bis in die 20er-Jahre findet ihren Niederschlag in einer Fülle von Unsinnsballaden in dieser Zeit. Klapphornverse sind über einige Jahrzehnte hinweg eigenständige Sammlungen wert; ebenso ist es mit den Limericks. Andere Zeiten kennen die ABC-Gedichte, wieder andere das Spiel mit realen oder fiktiven Tieren. Hintergrund ist die Orientierung an Regeln im poetischen Geschäft sowohl auf der Ebene des *hohen Kothurn* wie im Bereich der *Spaßer*. Nur dort, wo solche Regeln aktiv oder passiv beherrscht werden, kann die Unsinnspoesie ihre komisierende Kraft entfalten. Das ist auch der Grund, warum in den letzten 30 Jahren gar nicht mehr so sehr der Verstoß gegen die Regeln des poetischen Handwerks die Unsinnsdichtung bestimmt, sondern die Verstöße gegen die Sprachnorm überhaupt: Man denke nur an die Kunstsprachen der 60er-Jahre, das Spiel mit dem Dialekt in dieser Zeit. Dass sich eine Zeit, in der Normen literarischer Formen keine Rolle mehr zu spielen scheinen, mit dem Unsinnigen dann überhaupt schwer tut, wird man für die Gegenwart durchaus konstatieren müssen. Eine der jüngeren Nonsens-Anthologien, das »Nonsens-Buch« von Peter Köhler, ist dafür paradigmatisch. Der dort dokumentierte zeitgenössische Unsinn spielt mit den Normerwartungen anderer Medien: Quizshows des Fernsehens, Zeitungsberichterstattung, das

Interview sind solche Formen, die von den Vertretern der *Neuen Frankfurter Schule* aufgegriffen und umgestaltet werden. Comedies in Radio und Fernsehen treten an die Stelle des literarischen Unsinns. Lyrische Formen dagegen scheinen zur Zeit kaum mehr eine Rolle zu spielen.

Das »Lyrische Holzbein« rechnet mit den Lesern, die noch über eine Spur des traditionellen Bildungshorizonts verfügen, um erkennen zu können, wie der Unsinn *technisch* funktioniert. Schwer machen es einem die Autoren eigentlich nicht, denn zu jedem Unsinnsdichter gehört auch ein bisschen die Haltung des Könners und Kenners, der in der Produktion des Unsinns dem Leser zeigt, wie man's macht. Deshalb führt die Anthologie typische Formen und charakteristische Gegenstände als Gliederungsprinzip ein. Das überrascht bei *Klapphornversen* oder *Schüttelreimen* nicht, weil man solche Rubriken in jeder – vor allem auf Popularität ausgerichteten Anthologie – findet. Das Spiel mit literarischen Formen jedoch oder die Rubrizierung bestimmter Gegenstände etwa aus der Fauna soll zum Vergleich einladen. Natürlich handelt man sich da Schwierigkeiten ein und mancher Text könnte gut und gerne auch in einer anderen Rubrik stehen: Wohin etwa gehört eine schüttelgereimte Ballade? An welcher Stelle präsentiert man ein aus dem Alphabet entwickeltes Saurier-Gedicht? Ist es primär von der Aufgabe, das Alphabet zu erfüllen, bestimmt? Ist es Spiel mit der naturwissenschaftlichen Thematik? Oder gehört es zu dem Spiel mit realen und fiktiven Tieren?

Trotz aller Schwierigkeiten bietet die damit verbundene Nachrangigkeit der Chronologie die Möglichkeit, Prinzipien des Unsinnigen aufscheinen zu lassen und damit die Machart zu erklären. Aber *das Technische* zu wissen und die

Eigenart des Unsinnigen zu erklären bzw. zu verstehen, sind zwei Paar Stiefel. Deshalb sind ein paar Bemerkungen zu Ästhetik und Geschichte der Unsinnsdichtung angebracht.

Zur Ästhetik des Unsinnigen – und was es mit dem »Spiel« zu tun hat

Es gibt in der Literaturwissenschaft gerade einmal drei ernst zu nehmende Arbeiten, die sich mit dem Phänomen des Unsinnigen über die literarischen Epochen hinweg beschäftigen. Sie stammen von Alfred Liede (»Dichtung als Spiel«, 1963), von Dieter Baacke (»Spiele jenseits der Grenze«, um 1965, wieder 1978) und von Peter Köhler (»Nonsense. Theorie und Geschichte der literarischen Gattung«, 1989). Aus der kürzesten von ihnen, dem Essay von Dieter Baacke, stammt die thesenartige Zusammenfassung dessen, was Unsinnspoesie will:

> *Nonsense, als eine besondere Spielart der Phantasie, ist nicht sachunangemessenes Reden aus Leichtfertigkeit, pueriler Albernheit oder mangelnder Information, sondern schafft einen Spielraum an der Grenze möglicher Vorstellungen und ihrer sprachlichen, künstlerischen oder realen Darstellung, der nicht nur von üblichen Vorstellungs- und Verhaltenszwängen entlastet, sondern eine distanzierende Heiterkeit und eine neue Optik für Menschen, Gegenstände und deren Konstellationen auf die Räume gestattet, in denen wir leben müssen.*
> *(Baacke, 1978, S. 356).*

Nonsens als Spiel zur Entlastung angesichts der Zwänge des Lebens ist eine Idee, deren Entstehung sich in die

Geschichte der Ästhetik gut einordnen lässt. Sie hat ihre Wurzeln im deutschen Idealismus. Alfred Liede hat dies in seiner Untersuchung »Dichtung als Spiel« an Friedrich Schlegels Aufsatz »Über die Unverständlichkeit« und dessen Wirkung auf die Vorstellung von der romantischen Ironie aufgezeigt. Noch Friedmar Apel und Winfried Menninghaus folgen ihm hierin und beschreiben die Poesie der Romantiker, insbesondere aber Ludwig Tiecks als vom Prinzip der Sinnverweigerung getragen. Dabei geht etwas unter, dass die gegenwärtige Auffassung vom Unsinnigen in der Literatur das Ergebnis eines Vermittlungsprozesses ist, dessen wichtigste Zwischeninstanz die epochemachende Arbeit des niederländischen Kulturhistorikers Jan Huizinga zum *Homo ludens* ist, die Schillers Vorstellung vom Menschen, der nur da ganz Mensch sei, wo er spiele, zu neuer Aktualität verholfen hat. Hier ist die Wurzel für die Ästhetik auch des Unsinnigen zu suchen, auch wenn man den Spielbegriff Schillers natürlich nicht einfach mit dem des unsinnigen Spiels in eins setzen darf. Die Wandlungen, die die Vorstellung vom Spiel im Lauf der Rezeptionsgeschichte durchgemacht hat, ist einen eigenen Blick wert, geben die einzelnen Stationen doch auch einen Einblick in das Umfeld, in dem Unsinnsdichtung dann jeweils gepflegt wurde.

Schillers Diktum »der Mensch spielt nur, wo er in voller Bedeutung des Worts Mensch ist, und *er ist nur da ganz Mensch, wo er spielt*«, hat Eingang in den Zitatenschatz gefunden, womit eine Formulierung, der schon ihr Erfinder bescheinigte, dass sie »vielleicht paradox erscheint«, im Bereich des Trivialen anzukommen droht. Von der Hoffnung, der Satz werde »das ganze Gebäude der ästhetischen

Kunst und der noch schwierigern Lebenskunst tragen« (Schiller: Über die ästhetische Erziehung des Menschen, in: Schillers Werke, Bd. IV, S. 238), ist am Ende des 20. Jahrhunderts kaum etwas mehr übrig geblieben, was freilich auch daran liegt, dass Schiller seine Überlegungen aus dem 15. Brief »Über die ästhetische Erziehung des Menschen« nicht abgeschlossen hat. Freilich sind sie deshalb nicht folgenlos geblieben, sondern haben ihre Auslegung und Fortführung durch andere erfahren, nicht zuletzt deshalb, weil die Rede vom spielenden Menschen das Kernstück von Schillers Anthropologie darstellt.

Das Ideal des klassischen Altertums ist nach Schiller darin zu sehen, dass die Auffassung vom Menschen und seinem Verhältnis zum Spiel hier vorgeprägt sei. In jedem Fall richtig ist daran, dass die Geistesgeschichte einige Epochen kennt, in denen der Mensch über sein Verhältnis zur Welt nachgedacht und herausgestellt hat, dass der Mensch nur da völlig zu seinem Menschsein komme, wo er sich frei machen könne von den Pflichten und Zwängen des äußeren Lebens. Man darf dabei nicht verkennen, dass für Schiller das Spielerische als Trieb im Menschen angelegt ist, das in einer idealen Zukunft zu seiner besten Entfaltung gelangen wird, den Menschen aber zugleich in diese Richtung drängt. Damit wird das Spiel zu einem Mittel der Kulturentwicklung.

Solche Vorstellungen haben im 19. Jahrhundert dann Umdeutungen und Umprägungen erfahren, die hier nicht ausführlich erörtert werden können. Bei Friedrich Schlegel, Arthur Schopenhauer und besonders bei Friedrich Nietzsche etwa verbindet sich das Spiel mit dem Leben, dem die größere Ordnung der Welt gegenübersteht, in die der

Mensch sich einfügen muss. Das Spiel geht damit nicht mehr vom Menschen aus, sondern ist Ausdruck der Zufälligkeit dessen, was der Mensch in seinem Erdendasein erfährt und erlebt.

Die Kulturgeschichte Johan Huizingas greift auf die Verbindung von Ästhetik und Spiel in der ersten Hälfte des 20. Jahrhunderts wieder zurück. In stillschweigender Absetzung von Positionen des 19. Jahrhunderts, bei denen der Spieltrieb zwar einerseits nach wie vor Ausgangsbasis für die Kunst überhaupt blieb, gleichzeitig aber auch – etwa bei Friedrich Nietzsche – zum Reservat des Künstlers gemacht worden war, ist das Spiel wieder eine Grundvoraussetzung menschlicher Existenz.

Huizinga geht von der Beobachtung aus, dass das Spielen eine Betätigung ist, die in der Natur des Menschen wie der Tiere angelegt sei. Man könne beide beim Spielen beobachten, allerdings habe das menschliche Spiel eine andere Qualität. Huizinga wendet sich damit gegen alle psychologischen und pädagogischen Ansätze seiner Zeit, von denen er summierend feststellt, sie hätten sämtlich zur Voraussetzung, »Spiel werde wegen etwas anderem betrieben, es diene einer Zweckmäßigkeit« (Huizinga, Homo ludens, S. 10). Keine Erklärung könne aber ausreichend alle Formen oder gar Funktionen des Spiels treffen, geschweige denn begründen, warum Spiel in allen Varianten Spannung oder Freude bereite, die jenseits irgendwelcher Zweckmäßigkeit lägen:

> *Der Form nach betrachtet, kann man das Spiel also zusammenfassend eine freie Handlung nennen, die als* nicht so gemeint *und außerhalb des gewöhnlichen Lebens stehend empfunden wird und trotzdem den Spieler völlig in Beschlag nehmen kann, an die kein materielles Interesse geknüpft ist und mit der kein*

Nutzen erworben wird, die sich innerhalb einer eigens bestimmten Zeit und eines eigens bestimmten Raumes vollzieht, die nach bestimmten Regeln ordnungsgemäß verläuft und Gemeinschaftsverbände ins Leben ruft, die ihrerseits sich gern mit einem Geheimnis umgeben oder durch Verkleidung als anders von der gewöhnlichen Welt abheben.
(Huizinga, Homo ludens, S. 22)

Die Dichtkunst erscheint Huizinga dabei als die einzige Erscheinung der Kultur, die über die Zeiten hinweg erhalten geblieben ist, während sportliche Wettkämpfe, Turniere oder andere Formen des spielerischen Wettstreits ihren jeweiligen historischen Ort hätten.

An Huizingas Auffassung »Poiesis ist eine Spielfunktion« (Huizinga, Homo ludens, S. 133) knüpft nun die Untersuchung Alfred Liedes an, kann das aber nur dadurch, dass Liede Korrekturen an Huizinga vornimmt, die der Eigenart der Unsinnspoesie Rechnung tragen. Die Unsinnsdichtung nämlich nimmt sich nach Liede die Freiheit, auch die freiwilligen Regeln des Spiels zu durchbrechen:

Es gibt in der Unsinnspoesie eine Freiheit des Spiels, die keine Regeln und Grenzen mehr anerkennt, die Spielverderberin *ist gegenüber dem Spiel der Dichtung und kaum mehr eine neue Spielwelt mit festen Regeln aufbaut oder höchstens insofern, als sie Regellosigkeit des Spiels fordert.*
(Liede, Dichtung als Spiel. Bd. 1, S. 25)

Aber man muss wohl wirklich noch einen Schritt weitergehen. Denn die Unsinnsdichtung ist eben nicht einfach Negation der Regel, sondern das potenzierte Spiel mit den Regeln: Sieht man sich Erscheinungsformen und Techniken des Unsinnigen in der Dichtung an, springt dieser Umstand sofort ins Auge. An die Stelle der akzeptierten

Muster und Regeln treten solche, die die Regeln der Dichtungslehre potenzieren oder reduzieren, bewusst als Regelverstoß befolgen oder in einen unpassenden Zusammenhang stellen. Dieses Spiel an den Grenzen der Regeln kann durchaus auch gegen das regelgeleitete Spiel gerichtet sein, weshalb vor allem die Grenzen zwischen Parodie und Unsinnsdichtung nicht so leicht zu ziehen sind. Das Spiel ist aber – und das ist wohl das Entscheidende – nur unter der Voraussetzung möglich, dass es im Allgemeinen akzeptierte Regeln für das Spiel gibt.

Zur Geschichte der Unsinnsdichtung

Den Menschen nur da ganz in seiner Humanität zu sehen, wo er sich im Spiel über sich selbst erheben kann, ist eines der Verdienste des 18. Jahrhunderts für unsere Kultur. Es ist also nur zu verständlich, dass wir aus den Epochen vor diesem Zeitpunkt nur wenig überliefert haben, was wir heute der Unsinnsdichtung zuordnen wollen. Verschiedentlich wird insbesondere in der angelsächsischen Nonsens-Forschung auf das Interesse des ausgehenden 18. Jahrhunderts für Schlaf- und Wiegenlieder, die *nursery rhymes*, hingewiesen. Sammlungen solcher Gedichte waren im 19. Jahrhundert eine beliebte Erwachsenenlektüre, illustrierte Ausgaben wie die von James Orchard Halliwell herausgegebenen »Nursery Rhymes of England« (1843) oder die Sammlung »The Loves of Tom Tucker and Little Bo-Beep« (1863) verkauften sich gut.

Wichtiger aber ist wohl ein anderer Impuls, der sich an der Biographie der beiden Hauptvertreter der englischen

Nonsens-Dichtung, Lewis Carroll und Edward Lear, sehr gut ablesen lässt: die Reaktion auf die zunehmend von den Naturwissenschaften bestimmte Sicht auf die Welt. Die beiden Genannten verdienten ihren Lebensunterhalt mit *moderner* Wissenschaft. Der eine war Mathematiker, der andere Zeichner im Dienst der zeitgenössischen Naturwissenschaft. Und so, wie bei Edward Lear aus den exakten Wiedergaben zunächst zeichnerische und dann auch sprachliche Karikaturen erwuchsen, so löste sich bei Lewis Carroll die Logik der Mathematik auf in die irreale Welt der Alice.

Das Interesse für einfache, mündlich tradierte Formen, die Aufwertung von Phantasie und Imagination, aber auch der Klanglichkeit in der Dichtung, die die Romantik mit sich gebracht hatte, trugen das Ihre dazu bei, dass die Poesien Lears und Carrolls im viktorianischen England eine Erfolgsgeschichte erlebten und zahlreiche Nachahmer auf den Plan riefen. Offensichtlich trafen sie in der auf Nützlichkeit und vernünftiges Kalkül ausgerichteten Gesellschaft in ihrer Hinwendung zur Naivität und kindlich-unschuldigem Spiel ein Bedürfnis.

Die deutschsprachige Unsinnsdichtung hat bis zu einem gewissen Grad an dieser Entwicklung teil. Das wird zum Beispiel an den Gedichten über naturwissenschaftliche Gegenstände von Viktor von Scheffel sichtbar. Zugleich dokumentiert sich hier aber auch der entscheidende Unterschied. Während die englische Unsinnspoesie an die romantische Idealisierung naiver Kindlichkeit anknüpft und dort auch zumindest vorgeblich ihr Publikum sucht, findet die deutschsprachige Dichtung in den Studentenkneipen und Künstler-Stammtischen, in den Hinterzimmern von Lokalen, schließlich in den unsinntreibenden

Gesellschaften der Honoratioren statt. Es ist die Dichtung einer gebildeten Schicht, die unter dem dominierenden Einfluss der Kultur der Goethezeit steht und mit der Erfahrung der Epigonalität lebt. Friedrich Theodor Vischer, Ludwig Eichrodt, Emanuel Geibel, Hermann Lingg gehören dazu. Alfred Liede hat auf die Bedeutung der literarischen Gesellschaften aufmerksam gemacht: Von den Wiener Künstler- und Literatenkreisen, der *Ludlamshöhle*, über den Berliner *Tunnel über der Spree* bis hin zur *Schlaraffia* bilden sie den Boden auch für das literarische Spiel, bereiten Erscheinungen vor wie den Allgemeinen deutschen Reimverein, schließlich das Kabarett, für das exemplarisch Joachim Ringelnatz steht. Auch Christian Morgensterns *Galgenberg* fußt auf diesem Modell: Hinter der gleichnamigen Sammlung von Nonsens-Gedichten steht eine geheime Vereinigung mit ihren Gesellschaftsnamen, ihren eigenen Riten und Formeln.

Was zunächst nur für einen engeren Kreis der Freunde bestimmt war, drängte in den verschiedensten Formen in die Öffentlichkeit. Ulkende Studentenlieder verbreiteten sich über Kommersbücher, die komisierte Wissenschaft Scheffels, das Spiel Eichrodts mit der literarischen Überlieferung wurde in großen Auflagen unters Volk gebracht. Ab der Gründerzeit wurde die Nachfrage nach solchen Texten mit Zeitschriften – etwa den Münchner »Fliegenden Blättern« – befriedigt.

Vieles davon ist heute fast nicht mehr zu genießen. Das liegt nicht nur daran, dass das exzessiv betriebene Spiel abstumpft und ein schales Gefühl hinterlässt, zumal wenn die Komik gewollt, die Pointe herbeigezwungen wird. Schließlich lebt Unsinnsdichtung nicht zuletzt auch davon, dass sie von Fall zu Fall auf ihre Zeit anspielt und so zum Beispiel die von der Ästhetik geforderte Überzeitlichkeit der Dichtkunst konterkariert. Solche Anspielungen funktionieren naturgemäß nur für zeitgenössische Leser.

Das ist auch einer der Gründe dafür, dass sich inzwischen ein gewisser Kanon unsinniger Texte ausgebildet hat, der sich nur mühsam durch Neuentdeckungen erweitern lässt. Manche Anthologie hat sich in der Vergangenheit dadurch beholfen, aus größeren Texten Teile herauszulösen, die für sich betrachtet unsinnig erscheinen mögen. Dieses Schicksal hat unter den hier vorgestellten Autoren insbesondere Bertolt Brecht und Kurt Tucholsky ereilt. Brechts Alphabet-Gedichte sind als solche nur noch mühsam zu rekonstruieren. Das misslänge gänzlich, wenn sie nicht mit dem Titel »Aus einem Alfabet« dargeboten würden. Das »Kinder-Alfabet«, dem sie entnommen sind, ist in seiner Gesamtheit bestimmt keine Unsinnsdichtung – dies hier zu dokumentieren, fehlte der Platz. Im Fall von Gottfried Keller, dessen »Aus ihrem Leben: Dichtung und Wahrheit« sonst nur mit seinem ersten Teil abgedruckt erscheint, zeigt der 2. Teil, dass auch der erste nicht wirklich ein Nonsens-Text ist. So paradox es erscheint: Der Sinn des Textes ergibt sich nicht zuletzt aus seinem Gebrauch, den er vom Unsinnigen macht. Mit solchen Rückwanderungen des Nonsens in die Literatur des *hohen Kothurn* wird man von Fall zu Fall rechnen müssen.

Die Leistung, die solcher Anverwandlung in jedem Fall vorausgehen musste und die wir bei der unsinnigen Dichtung des 19. und frühen 20. Jahrhunderts sehen können, besteht darin, die Formen und Verfahren entwickelt zu haben, nach denen literarischer Unsinn bis in die Gegenwart hinein funktioniert. Ganz allgemein ist es das Spiel mit dem, was die hohe Literatur an Formen und Inhalten gebraucht, auch was sie als Gegenstandsbereich weitgehend ausklammert. So erklären sich die vielen Versuche in der Ballade: Jeder Leser kennt die Muster und kann die unsinnigen Abweichungen einordnen. So ist aber auch die Vielzahl von Tiergedichten zu verstehen: Die hohe Poesie macht die belebte Natur nur selten zum Gegenstand und überlässt sie der Wissenschaft. Die Unsinnsdichtung dagegen durchstreift die Tierwelt von A bis Z, kennt Lebewesen, die längst ausgestorben sind oder noch der Entdeckung harren.

Schließlich ist Unsinnsdichtung aber durch ihre Verfahren bestimmt. Das Holzbein ist dafür ein durchaus angemessenes Bild. Wie dieses orthopädische Hilfsmittel ein Defizit auszugleichen versucht und damit aber auch auf das Fehlen dessen aufmerksam macht, das dadurch ersetzt wird, so verweisen die unsinnigen Texte auf ihre Eigenart dadurch, dass sie Regeln absolut setzen, Merkmale hypostasieren, Verstöße gegen die Norm hervorkehren.

Daran hat seinen Spaß, der dieses Spiel zu durchschauen vermag. Den neuen Tendenzen, der Unsinnsdichtung vor allem in Anthologien für Kinder Raum zu geben, widerspricht diese Aussage durchaus bewusst. Zwar mag es richtig sein, dass die Regeln des Sprachspiels, das im jeweiligen Zusammenhang ja an durchaus prominenten und reizvollen Beispielen vorgestellt wird, auch schon für junge Leser verständlich sind. Aber mit wenigen Ausnahmen (zu denken wäre etwa an Lügengedichte und -geschichten, an Palindrome oder ABC-Gedichte) wissen sie von der Folie nichts, vor der sich dem wissenden Leser der Reiz des

Spiels ergibt. Die Folge ist eine Verstörung mit der Gefahr, dass die Beschäftigung mit der Sprache und ihrer Ästhetik überhaupt abgelehnt wird.

Zur Unsinnsdichtung kommt man über den *hohen Kothurn*. Sie ist nicht Wegbereiter, sondern Sammler der Brocken, nicht ästhetische Avantgarde, sondern deren Prüfstein. Darin liegt wohl auch weiterhin ihre Zukunft: Indem sie Regeln absolut setzen oder Aufgaben vergeben und zugleich auch wieder lösen, die zu lösen nicht notwendig erscheint, treiben Autoren zum Beispiel der Gruppe OuLiPo in vielen Nationalliteraturen das Unsinnige weiter. Hierher gehören etwa die sprachlichen Experimente Oskar Pastiors. Seine implizit gehaltene Rückschau auf ein Jahrhundert Unsinnsdichtung dokumentiert noch einmal deren Bezogenheit auf den *hohen Kothurn*, beschreibt zugleich aber auch die *Aufgabe* des Unsinns:

Ich sitze stumm und kraule
das Kleinhirn zwecks Belebung
die Sprache zwecks Bestrebung
und die bewegt sich doch
mich läßt sie kühl doch heiter
noch sitz ich auf der Leiter
und seh den Hasen zu
nun hat der Topf ein Loch
stopf es zu lieber Hans wenn aber
wenn die Welt eins hat was dann
nur gemach nimm die Sprach
stopf es zu
über allen Steigen
ist Ruh
(*aus: Vom Sichersten ins Tausendste, S.* 80)

Glossar der Unsinnspoesie

ABC-Vers: Diese spielerische Form, den Aufbau eines Gedichts maßgeblich vom ersten Buchstaben der jeweiligen Zeile bestimmen zu lassen, hat ernsthafte Wurzeln. Ursprünglich waren alphabetisch geordnete Zeilen eine Merkhilfe, die das Memorieren von Texten erleichtern sollte. Die mehr oder weniger sinnvollen Aneinanderreihungen z. B. von realen oder fiktiven Tiernamen erinnert noch an die alphabetisch geordneten Fibeln. Der unsinnige ABC-Vers reiht beliebige Elemente aneinander, wobei oft (wohl nach dem Vorbild entsprechender Merkverse in den Fibeln) auch schon die Forderung aufgegeben wird, dass die vom Alphabet her erforderlichen Worte am Anfang der Zeile stehen müssen. Einen Sonderfall stellen Gedichte dar, die von der Reihe der Vokale bestimmt sind.
Abzählreim: Weil die Verse dazu dienen, im Spiel Teilnehmer herauszuheben oder auszuwählen, kommt es auf den Inhalt nicht an. Im Vordergrund steht der Rhythmus, der das richtige Zählen und Deuten sicherstellt.
Anagramm: Der Begriff kommt vom gr. *anagraphein*, was *umschreiben* bedeutet. Gefordert ist dabei, dass die Buchstaben eines Namens, einer Wortgruppe oder gar eines ganzen Satzes in eine neue Reihenfolge gebracht werden, die einen Sinn ergibt. In seiner ernsthaften Variante sollte das Anagramm geheimen Sinn in der Sprache offen legen. Heute dient es in der Regel nur noch zum Finden von Pseudonymen oder wird als Spielform eingesetzt.
Clerihew: So werden Vierzeiler genannt, deren Entstehung auf den Engländer Edmund Clerihew Bentley zurückgeführt wird, der sie in seiner 1905 veröffentlichten »Biogra-

phy for beginners« erstmals verwendet hat. Sie enthalten im ersten Reimpaar regelmäßig einen Reim auf den Namen des *Porträtierten*. Eine zweizeilige Kurzform bringt in der ersten Zeile den Namen, in der zweiten ein einziges Reimwort. In der deutschen Unsinnspoesie hat sich der Clerihew nicht durchgesetzt. Ein Beispiel eines *Klerri-juh* aus der Stuttgarter Schule um Reinhard Döhl ist:

friedrich hölderlin
mußte susettes wegen fliehn
jahrlang ins ungewisse dann nahm
autenrieth sich des restes an.

Endreimspiel (auch: Aufgegebene Reime): Ein Gesellschaftsspiel, in dem *Reimkünstlern* oder jedem Spielteilnehmer zufällig zusammengestellte Reimpaare vorgegeben werden. Diese müssen zur Herstellung eines Textes verwendet werden.

Klapphornvers: Die vierzeiligen Strophen beginnen stereotyp mit der Wendung »Zwei Knaben ...«. Was diese miteinander erleben, wird in oft abstrusen Reimen und in einem sich über die Regeln hinwegsetzenden Metrum geschildert. Die Tradition dieser Verse wurde 1878 in den Münchner »Fliegenden Blättern« begründet.

Lautgedicht: *Verse ohne Worte* verstehen sich zunächst einmal als experimentelle Form der Lyrik. Es geht um rhythmisierte und klanglich aufeinander bezogene Lautfolgen, bei denen der musikalische Aspekt im Vordergrund steht. Die Grenze zwischen dem Experiment, wie es zum Beispiel Hugo Ball durchgeführt hat, und dem spielerischen Umgang mit Sprache, den man als gewollten Unsinn ansehen kann, liegt wohl da, wo dem aufmerksamen Zuhörer/Leser deutlich wird, dass das Lautgedicht aus gebräuchlichen, freilich in ihrer Schreibung oftmals verfremdeten Wörtern zusammengesetzt ist. Eine Sonderform davon sind Texte, in denen auf der Lautebene der Eindruck erweckt wird, man höre eine Fremdsprache, bis man entdeckt, dass diese Sprache mit Elementen der eigenen Sprache durchsetzt ist, die richtig verstanden einen nur trivialen Inhalt vermitteln.

Leberreim: Die zweizeiligen Gedichte wurden im 16. und 17. Jahrhundert bei Tisch in geselliger Runde als Trinkspruch improvisiert. Die vorgegebene Anfangszeile »Die Leber ist von einem Hecht und nicht von einem …« wurde durch einen Tiernamen vervollständigt, der dann den Reim der folgenden Zeile bestimmte. In der höheren Gesellschaft spielt der Leberreim ab der Mitte des 18. Jahrhunderts keine Rolle mehr. Unter der Landbevölkerung hält er sich noch bis ins 19. Jahrhundert, wo ihn dann auch Theodor Fontane vorfand und in den »Wanderungen durch die Mark Brandenburg« dokumentierte.

Lettrismus bezeichnet Formen der konkreten Poesie und der akustischen Dichtkunst, die die Worte in ihre Einzelbuchstaben auflösen und so zu sinnfreien Lautgebilden kommen. Die Grenze zur Unsinnspoesie ist unscharf, denn dem Lettrismus geht es nicht um die Unsinnigkeit, sondern um das Gewinnen neuer Ausdrucksmöglichkeiten.

Limerick: In Deutschland ist der Limerick nach dem Vorbild von Edward Lears »Book of Nonsense« (1846) vor allem nach 1900 populär geworden. In England hat er eine längere Tradition und leitet sich von volkstümlichen Nonsens-Versen her, die in dem Kehrreim »Will you come up to Limerick« endeten. In seiner traditionellen Form hat der Limerick recht genaue Vorgaben bezüglich

Inhalt und Strophenbau. Die erste Zeile enthält eine Person und einen Ort. Die weiteren Zeilen enthalten ein Ereignis, das sich daraus ergibt und bis zur letzten Zeile in der Regel zu einer Pointe geführt wird. Dabei muss das Reimschema aabba erfüllt werden. Aber auch die Zeilenlänge ist mit 3 Hebungen in der 1., 2. und 5. und 2 Hebungen in der 3. und 4. Zeile vorgegeben. Eine besondere Form sind Limericks, in denen die fremdsprachigen Ortsnamen dazu verwendet werden, in der Schreibung der Reimworte abzuweichen.

Lipogramm ist ein Text, in dem ein Buchstabe ausdrücklich nicht vorkommen darf, was sich vor allem dann bemerkbar macht, wenn es sich um einen Vokal handelt. Solche Experimente gibt es schon in der antiken Literatur. Am Ende des 20. Jahrhunderts greift die experimentelle Dichtkunst wieder auf solche Regeln zurück.

Lügendichtung in Poesie und Prosa hat eine lange Tradition; sie ist nicht zuletzt wohl auch als eine Reaktion auf den Vorwurf Platons zu verstehen, dass die Dichter lügen. Lügendichtung bedient sich vertrauter Formen wie dem Roman oder Märchen, der Moritat oder Fabel, füllt diese aber mit Figuren, Orten und Situationen, die dem Gebot der Wahrscheinlichkeit und Folgerichtigkeit überhaupt nicht mehr entsprechen wollen.

Mundarttext: Die Verwendung von Mundart in der Literatur ist für sich noch nicht unsinnig. Die experimentelle Literatur seit den 60er-Jahren des 20. Jahrhunderts hat aber den Dialekt als Reservoir für unverbrauchtes Sprachmaterial entdeckt und ihn als Material vor allem unter Klangaspekten eingesetzt. Unsinnspoesie entsteht wie in den meisten Fällen auch hier in der Weise, dass der Leser oder

Hörer erkennen muss, dass seine Bemühungen um ein Verständnis unangemessen groß sind.

OuLiPo ist die Abkürzung für *Ouvroir de Littérature Potentielle* (Werkstatt für potentielle Literatur), einer Vereinigung von Autoren, die sich dem literarischen Experiment widmen. Unter Hintansetzung der Forderung nach Sinn werden hier Regeln für die Produktion von Texten formuliert, die häufig auf älteren literarischen Spielen beruhen. So beruft sich *Oulipo* auch auf Vorläufer wie Giordano Bruno oder Lewis Carroll. Der prominenteste deutschsprachige Oulipote ist Oskar Pastior.

Palindrom: Die Bezeichnung leitet sich von dem griechischen Wort für *rückläufig* her. Es sind Worte, Verse oder ganze Texte, die man auch von hinten her lesen kann wie: »Ein Neger mit Gazelle zagt im Regen nie«.

Permutation ist ein Begriff aus der Rhetorik und bezeichnet das Vertauschen von gegebenen Elementen eines Textes. Die *konkrete Poesie* der 60er-Jahre griff auf dieses schon in der barocken Dichtung gebrauchte Verfahren zurück. Während in der Frühen Neuzeit sprachmagische Vorstellungen den durch Permutation erzeugten Texten immer noch Sinn zumaßen, geht es in modernen Anwendungen vor allem um die Klangdimension. Deshalb ist die Permutation auch ein Mittel der Nonsens-Dichtung.

Quodlibet, von lateinisch *was beliebt*, ist eine Form des spielerischen Umgangs mit Bildung und Wissen. Sie wurde schon im Mittelalter an den Universitäten gepflegt. Die Quodlibet-Quaestionen, ein Spiel mit der akademischen Prüfung, fügen Aussagen aus den unterschiedlichsten Wissensbereichen zusammen. In der Literatur wurden daraus nur durch den Reim zusammengehaltene Texte, in denen

Bruchstücke aus Redensarten, Sprichwörtern und Klassikerzitaten beziehungslos nebeneinander stehen.

Schüttelreime entstehen, indem man die Anfangskonsonanten bei zwei oder mehr reimenden Silben eines Reimpaares vertauscht und dadurch (oft überraschende) neue Worte gewinnt. Die Regeln für diesen Austausch werden unterschiedlich streng ausgelegt. Puristen bestehen darauf, dass die Schreibung der Laute sonst unverändert bleibt. So wird also »... [Schüttel]reime legen« zu »... Leime regen«. Man findet aber genügend Beispiele, in denen allein der (im Beispiel auch gleich noch komisierte) Klang entscheidend ist wie in:

Die Maid, die auf dem Rasen nähte,
Litt heftig an der Nasenröte.
(*Fliegende Blätter* 128, 1908, S. 231)

Studentenlied ist ein Sammelbegriff für Lieder vor allem des 19. Jahrhunderts, die in der Freizeitgestaltung der Jungakademiker eine große Rolle spielten. Die Trink- und Preislieder feiern das studentische Leben, greifen oft aber auch verballhornend die (Sprache der) Wissenschaft auf und sind besonders dann, wenn sie sich damit befassen, unsinnig. In Liedersammlungen (Kommersbüchern) wurden die Lieder tradiert.

Tautogramm bezeichnet Texte, in denen ein Buchstabe so oft wie möglich erscheint. Das wird zum Beispiel durch eine Häufung von Alliterationen erreicht, kann aber auch weiter gehen und zum Beispiel zur Regel führen, dass ein Text nur einen Vokal verwenden darf.

Literatur

Anthologien:

Allerleirauh. Viele schöne Kinderreime. Versammelt von Hans Magnus Enzensberger. Frankfurt a. M. 1977.

Alles Unsinn. Deutsche Ulk- und Scherzdichtung von ehedem bis momentan. Gesammelt und hrsg. von Heinz Seydel. Berlin 1974.

Das große Lalula und andere Gedichte und Geschichten von morgens bis abends für Kinder. Zusammengestellt von Elisabeth Borchers. München 1971.

Das Nonsensbuch. Hrsg. von Peter Köhler. Stuttgart 1990.

Die Meisengeige. Zeitgenössische Nonsensverse. Gesammelt und hrsg. von Günter Bruno Fuchs, mit einer Zwischengeige in zehn Zeichnungen von Ali Schindehütte. München 1964.

Deutsche Unsinnspoesie. Hrsg. von Klaus Peter Dencker. Stuttgart 1978.

Drüben am Walde kängt ein Guruh. Unsinn-Verse. Gesammelt und hrsg. von Angela u. Andreas Hopf. München 1985.

Dunkel war's, der Mond schien helle, schneebedeckt die grüne Flur, als ein Wagen blitzesschnelle langsam um die Ecke fuhr. Eine Sammlung von herrenlosen Scherzdichtungen, älteren und neueren Kindereien, Klapphornversen, Leberreimen, Lügenliedern, Gassenhauern und anderem höheren Unsinn mit und ohne tiefere Bedeutung. Hrsg. von Horst Kunze. München 1941.

Herr Je das Nichts ist bodenlos. Unsinn in Poesie und Prosa. Hrsg. von Wilhelm Höck, Zeichnungen von Hans-Peter Willberg. München 1968.

Nonnensense. Ein Handbuch blühenden Unsinns. Hrsg. von Friedrich H. Sachs. München 1990.

Poetische Sprachspiele. Vom Mittelalter bis zur Gegenwart. Hrsg. von Klaus Peter Dencker. Stuttgart 2002.

Schnick Schnack Schabernack. Hrsg. von Viktor Christen, illustriert von Jürgen Wulff. Oldenburg und Hamburg 1973.

Schmurgelstein so herzbetrunken. Verse und Gedichte für Nonsens-Freunde von 9–99. Gesammelt von Hans A. Halbey. München/Wien 1988.

Überall und neben dir. Gedichte für Kinder in sieben Abteilungen. Hrsg. von Hans-Joachim Gelberg. Weinheim 1986.

Forschungsliteratur:

Alldridge, James C.: H. C. Artmann and the English Nonsense Tradition. In: Affinities: Essays in German and English Literature. Edited by R. W. Last. London 1971. S. 168–183.

Amelunxen, Hubertus von: OuLiPo – oder die Eintreibung des Sinns aus dem Unsinn. In: Sinn im Unsinn: Über Unsinnsdichtung vom Mittelalter bis zum 20. Jahrhundert. Hrsg. von Theo Stemmler und Stefan Horlacher. Tübingen 1997. S. 57–69.

Apel, Friedman: Die Phantasie im Leerlauf. Zur Theorie des Blödelns. In: Sprache im technischen Zeitalter. H. 64, 1977. S. 359–374.

Arnet, Daniel: Der Anachronismus anarchischer Komik. Reime im Werk von Robert Gernhardt. Bern u. a. 1996.

Baacke, Dieter: Spiele jenseits der Grenze. Zur Phänomenologie und Theorie des Nonsense. In: mobile. Versuch im Gespräch. H. 7: Nonsense. Göttingen [o. J., ca.

1965]. S. 2–15. [Wiederabdruck in: Deutsche Unsinnspoesie. Hrsg. von Klaus Peter Dencker. Stuttgart 1978. S. 355–377.]

Blumenfeld, Walter: Sinn und Unsinn. München 1933.

Bolz, Norbert: Der Sinn des Unsinns: Comedy im Femsehen. In: Die Zeit v. 30.5.1997.

Brady, Philip: Nonsense und Realität. Zum Werk Ernst Jandls. In: Sinn im Unsinn. Über Unsinnsdichtung vom Mittelalter bis zum 20. Jahrhundert. Hrsg. von Theo Stemmler und Stefan Horlacher. Tübingen 1997. S. 139–158.

Das Komische. Hrsg. von Wolfgang Preisendanz und Rainer Warning. München 1976.

Dode, Ralf-Erik: Ästhetik als Vernunftkritik. Eine Untersuchung zum Begriff des Spiels und der ästhetischen Bildung bei Kant, Schiller, Schopenhauer und Hebbel. Frankfurt a. M. u. a. 1985.

Döhl, Reinhard: Unsinn der Kunst gegen Wahnsinn der Zeit. Hans Arp und Hugo Ball zum Hundertsten. In: Hans Jean Arp. Hrsg. von Heinz Ludwig Arnold. München 1986. S. 66–80.

Ernst, Ulrich: Permutation als Prinzip in der Lyrik. In: Poetica 24 (1992). S. 225–269.

Explorations in the Field of Nonsense. Hrsg. von Wim Tigges. Amsterdam 1987.

Grümmer, Gerhard: Spielformen der Poesie. Leipzig 1985.

Hanke, Manfred: Die Schüttelreimer. Bericht über eine Reimschmiedezunft. Stuttgart 1968.

Hildebrandt, Rolf: Nonsense-Aspekte der englischen Kinderliteratur. Diss. Hamburg 1962. Neuausgabe Weinheim 1968.

Hoffmann-Monderkamp, Kerstin: Komik und Nonsens im lyrischen Werk Robert Gernhardts. Annäherungen an eine Theorie der literarischen Hochkomik. Norderstedt 2001.

Huizinga, Johan: Homo ludens. Vom Ursprung der Kultur im Spiel. Aus dem Niederländischen [1938] übertragen von H. Nachod [1939]. Mit einem Nachwort von Andreas Flitner. Reinbek bei Hamburg 1994.

Köhler, Peter: Der Spaßmacher und Ernstmacher Robert Gernhardt. In: Der Rabe Nr. 50: Robert Gernhardt zum 60. Geburtstag. Hrsg. von Heiko Arntz und Gerd Haffmans. Zürich 1997. S. 171–203.

Köhler, Peter: Gab es Komik vor der Neuen Frankfurter Schule? In: Die Neue Frankfurter Schule. »Die schärfsten Kritiker der Elche waren früher selber welche!« 25 Jahre Scherz, Satire und schiefere Bedeutung aus Frankfurt am Main. Hrsg. von WP Fahrenberg und Armin Klein. Göttingen 1987. S. 34–46.

Köhler, Peter: Nonsens. Theorie und Geschichte der literarischen Gattung. Heidelberg 1989.

Kohtes, Michael: Ewig währt am längsten. Zur Kunst des subversiven Unsinns. Kurt Schwitters. In: Der Literat 29 (1987). S. 151–52.

Kretschmer, Ernst: Dic Welt der »Galgenlieder« Christian Morgensterns und der viktorianische Nonsense. Berlin u. a. 1983.

Lang, Peter Christian: Literarischer Unsinn im späten 19. und frühen 20. Jahrhundert. Systematische Begründung und historische Rekonstruktion. Frankfurt a. M. 1972.

Lecercle, Jean-Jacques: Philosophy of Nonsense. The Intuitions of Victorian Nonsense Literature. London 1994.

Liede, Alfred: Dichtung als Spiel. Studien zur Unsinnspoesie an den Grenzen der Sprache. 2 Bde. Berlin 1963. Neuausgabe mit einem Nachtrag Parodie, ergänzender Auswahlbibliographie, Namenregister und einem Vorwort neu hrsg. von Walter Pape. Berlin 1992.
Lütgert, Will: Notiz zum Verhältnis von Nonsense und Creativität. In: mobile. Versuch im Gespräch. H. 7. Hrsg. von Dieter Baacke, Walter Lück u. a. Göttingen [o. J., ca. 1965]. S. 16–20.
Malcolm, Noel: The Origins of English Nonsense. London 1997.
Menninghaus, Winfried: Lob des Unsinns. Über Kant, Tieck und Blaubart. Frankfurt a. M. 1995.
Meuthen, Erich: Grenzüberschreitung und *Ehrenrettung der Poesie.* Über Sinn und Unsinn in den Arbeiten der Wiener Gruppe. In: Deutsche Lyrik nach 1945. Hrsg. von Dieter Breuer. Frankfurt a. M. 1988. S. 200–230.
Ockel, Eberhard: Dada – Ismus. UNsinn oder unSINN? In: Muttersprache 111 (2001). H. 1. S. 61–75.
Overbeck, Renate/Reinbert Tabbert: Surrealismus und Nonsense. In: Kinderliteratur und Moderne. Ästhetische Herausforderungen für die Kinderliteratur im 20. Jahrhundert. Hrsg. von Hans-Heino Ewers. Weinheim u. a. 1990. S. 55–78.
Palm, Christine: Greule Golch und Geigerich. Die Nabelschnur zur Wirklichkeit in der grotesken Lyrik Christian Morgensterns. Uppsala 1983.
Petzold, Dieter: Formen und Funktionen der englischen Nonsense-Dichtung im 19. Jahrhundert. Nürnberg 1972.
Pohl, Inge: Franz Fühmanns Sprachspielbuch – Indikator eines qualitativ bedeutsamen Schubs kinderliterarischer Produktion von Sprachspielen und sprachspielerisch

akzentuierten Texten. In: Barthel, Henner (Hg.): Aus Wundertüte und Zauberkasten. Über die Kunst des Umgangs mit Kinder- und Jugendliteratur. Festschrift zum 65. Geburtstag von Heinz-Jürgen Kliewer. Frankfurt a. M. u. a. 2000. S. 245–254.

Reichert, Klaus: Lewis Carroll. Studien zum literarischen Unsinn. München 1974.

Reichert, Klaus: Zum Problem des literarischen Unsinns. In: Sprache im technischen Zeitalter. H. 11 (1964). S. 909–914.

Scheuerl, Hans (Hrsg.): Beiträge zur Theorie des Spiels. Weinheim/Berlin [2]1960.

Scheuerl, Hans: Das Spiel. Weinheim/Berlin [2]1959.

Schmitz-Emans, Monika: Die Sprache der modernen Dichtung. München 1997.

Schöne, Annemarie: Nonsense-Dichtung – ein Phänomen der englischen Komik. In: Die Neueren Sprachen. N. F. 3 (1954) S. 132–140.

Schöne, Annemarie: Untersuchungen zur Englischen Nonsense Literatur unter besonderer Berücksichtigung des Limericks und seines Schöpfers Edward Lear. Diss. Bonn 1951.

Solms, Wilhelm: Reimkomik bei Bernstein und Gernhardt. In: Risiken und Nebenwirkungen. Komik in Deutschland. Hrsg. von Nils Folckers und W. S. Berlin 1996. S. 226–243.

Stadler, Bernd: Sprachspiele für die Grundschule. Donauwörth 1986.

Stempel, Wolf-Dieter: Blödeln mit System. In: Das Komische. Hrsg. von Wolfgang Preisendanz und Rainer Warning. München 1976. S. 449–452.

Tabbert, Reinbert: Nonsens, Phantastik und Abenteuer. Modelle abweichender Kinderliteratur. In: Merkur 34 (1980). S. 795–802.

Tabbert, Reinbert: Zum literarischen Nonsense: Versuch einer Orientierung. In: Der Deutschunterricht 27 (1975). H. 5. S. 5–22.

Tigges, Wim: An Anatomy of Literary Nonsense. Amsterdam 1988.

Weigel, Hans: Blödeln für Anfänger. Zürich 1963. Neuausgabe Zürich 1985.

Weis, Hans: Spiel mit Worten. Deutsche Sprachspielereien. Bonn 1965.

Wellershoff, Dieter: Infantilismus als Revolte oder das ausgeschlagene Erbe – Zur Theorie des Blödelns. In: Das Komische. Hrsg. von Wolfgang Preisendanz und Rainer Warning. München 1976. S. 335–357.

Nach- und Hinweise

Achleitner, Friedrich: middn im woed, in: F. A.: prosa, konstellationen, montagen, dialektgedichte, studien. Reinbek bei Hamburg (Rowohlt) 1970, S. 62. © Friedrich Achleitner, Wien.

Amery, Carl: Wüste Bärte, in: Nonnensense. Ein Handbuch blühenden Unsinns. Hrsg. von Friedrich H. Sachs. München (Droemer) 1990, S. 26.

Arp, Hans: drei greislein, in H. A.: Gesammelte Gedichte 1903–39. Hrsg. von Marguerite Arp-Hagenbach/ Peter Schifferli. Bd. 1. Wiesbaden/Zürich (Arche) 1963, S. 238. © 1963 by Peter Schifferli, Verlags AG »Die Arche«, Zürich.

Arp, Hans: Opus Null, ebd., S. 80–83.

Arp, Hans: Schneethlehem, ebd., S. 86–89.

Arp, Hans: die schwalbenhode, ebd., S. 112.

Artmann, H. C.: auf dem berge ararat, in: H. C. A.: Allerleihrausch. Bilder von Linda Wolfsgruber. Bozen (edition sturzflüge) 1999, S. 10.

Artmann, H. C.: drakula, du schlimmer, in: ebd., S. 13.

Asper, Spiritus (d. i. Hempel, Friedrich Ferdinand): ABC-Verse, in: Dunkel war's, der Mond schien helle, schneebedeckt die grüne Flur, als ein Wagen blitzesschnelle langsam um die Ecke fuhr. Eine Sammlung von herrenlosen Scherzdichtungen, älteren und neueren Kindereien, Klapphornversen, Leberreimen, Lügenliedern, Gassenhauern und anderem höheren Unsinn mit und ohne tiefere Bedeutung. Hrsg. von Horst Kunze, München (Heimeran) 1941, S. 49f.

Bechstein, Ludwig: Der Verdrießliche, in: Nonnensense. Ein Handbuch blühenden Unsinns. Hrsg. von Friedrich H. Sachs. München (Droemer) 1990, S. 60–61.

Blumauer, Alois: Ode auf das Schwein, in: Nonnensense. Ein Handbuch blühenden Unsinns. Hrsg. von Friedrich H. Sachs. München (Droemer) 1990, S. 72.

Bormann, Edwin: Der alte Marabu, in: Fliegende Blätter. Bd. 84. Nr. 2112, S. 23.

Bostel, Nicolaus von: Schertz-Gedichte, in: Das Nonsens-Buch. Hrsg. von Peter Köhler. Stuttgart (Reclam) 1990, S. 46–47.

Brecht, Bertolt: Aus einem Alfabet, in: B. B.: Gedichte in einem Band. Frankfurt a. M. (© Suhrkamp Verlag) 1981, S. 511–514.

Brembs, Dieter: Das Drachenabeceh, in: Überall und neben dir. Gedichte in sieben Abteilungen. Hrsg. von Hans-Joachim Gelberg. Weinheim (Beltz & Gelberg) 1986, S. 96. © Dieter Brembs.

Brezengang, Serenus M. (d. i. Enzensberger, Hans Magnus): Kreubst du das Lerd, in: Das Wasserzeichen der Poesie oder Die Kunst und das Vergnügen, Gedichte zu lesen [...] vorgestellt von Andreas Thalmayr. Nördlingen (Greno) 1985, S. 267.

Brock, Bazon: Lümmelrück, in: Die Meisengeige. Zeitgenössische Nonsensverse. Gesammelt und hrsg. von Günter Bruno Fuchs, mit einer Zwischengeige in zehn Zeichnungen von Ali Schindehütte. München (Hanser) 1964, S. 20.

Brock, Bazon: Der gute Willi ist sein menschlich Himmelreich, in: ebd., S. 50.

Bull, Bruno Horst: Seltsame Tiere, in: Stadler, Bernd: Sprachspiele für die Grundschule. Donauwörth (Auer) 1986, S. 61.

Busch, Wilhelm: Naturgeschichtliches Alphabet für größere Kinder und solche, die es werden wollen, in: W. B.: Die Gedichte. Hrsg. von Gerd Haffmans. Zürich (Haffmans Verlag) 2000, S. 392–394.

Busch, Wilhelm: Schreckliche Folgen eines Bleistifts, in: ebd., S. 395–399.

Busta, Christine: Zappelzeh und Zwidermann, in: Die Zauberin Frau Zappelzeh. Salzburg (Otto Müller Verlag) 1979.

Carroll, Lewis: Der Zipferlake, in: L. C.: Alice hinter den Spiegeln. Aus dem Englischen von Christian Enzensberger, Frankfurt a. M. (© Insel Verlag) 1974.

Celan, Paul: Großes Geburtstagsblaublau mit Reimzeug und Assonanz, in: P. C.: Gesammelte Werke. Bd. 3. Frankfurt a. M. (© Suhrkamp Verlag) 1983, S. 466.

Chamisso, Adelbert von: Tragische Geschichte, in: Herr Je das Nichts ist bodenlos. Unsinn in Poesie und Prosa. Hrsg. von Wilhelm Höck. München (Ehrenwirth) 1968, S. 119.

Claudius, Matthias: Urians Reise um die Welt, in: M. C.: Werke. Asmus omnia secum portans oder Sämtliche Werke des Wandsbecker Boten. Hrsg. von Urban Roedl. Darmstadt (Wissenschaftliche Buchgesellschaft) 1964, S. 425–428.

Cornelius, Peter: Ja, ein Gesamtgenie, aus: Der Barbier von Bagdad. Komische Oper in zwei Aufzügen (1. Aufzug, 5. Auftritt), in: http://www.impresario.ch/libretto/libcorbar.htm (15.9.2004).

Eckstein, Erich: Dithyrambus, in: Nonnensense. Ein Handbuch blühenden Unsinns. Hrsg. von Friedrich H. Sachs. München (Droemer) 1990, S. 33.

Ehrenstein, Albert: Jung Wikings Holmgang, in: A. E.: Werke. In fünf Bänden. Hrsg. von Hanni Mittelmann. Bd. 4/I:

Gedichte. München (Boer, © Wallstein Verlag) 1986, S. 274 f.

Ehrenstein, Albert: Quallade, in: ebd., S. 274.

Eichendorff, Joseph Freiherr von: Mandelkerngedicht, in: J. v. E.: Werke in einem Band. München (Hanser) 1955, S. 58–59.

Eichrodt, Ludwig: Sudler, in: L. E.: Lyrischer Kehraus. Lahr 1869, S. 39–47.

Eichrodt, Ludwig: Akademische Wanderlust, in: L. E.: Gesammelte Dichtungen. Bd. 2. Stuttgart (Bonz & Co.) 1890, S. 42–44.

Eichrodt, Ludwig: An den höheren Blödsinn, in: Drüben am Walde kängt ein Guruh. Unsinn-Verse. Gesammelt und hrsg. von Angela u. Andreas Hopf. München (Heyne) 1985, S. 8.

Eichrodt, Ludwig: Die Geschichte vom Tamerlan, in: L. E.: Lyrischer Kehraus. Lahr (Schauenburg) 1869, S. 55–56.

Eichrodt, Ludwig: Die Rache, in: ebd., S. 49–51.

Eichrodt, Ludwig: Hungriges Lied, in: ebd., S. 107–109.

Eichrodt, Ludwig: Quodlibet teutonicum furiosum, in: ebd., S. 63–65.

Eichrodt, Ludwig: So ist der Mensch, in: ebd., Teil 2: Sauser, S. 59.

Eichrodt, Ludwig: Vom Nonsens, in: Drüben am Walde kängt ein Guruh. Unsinn-Verse. Gesammelt und hrsg. von Angela u. Andreas Hopf. München (Heyne) 1985, S. 9.

Ende, Michael: Ein sehr kurzes Märchen, in: M. E.: Die Schattennähmaschine. Stuttgart-Wien (© Thienemann Verlag GmbH) 1982.

Endrikat, Fred: Die Wühlmaus, in: F. E.: Das große Fred Endrikat-Buch. München (Blanvalet) 1976, S. 88.

Endrikat, Fred: Enzian-Sinfonie, in: ebd., S. 81.

Endrikat, Fred: Gedanken beim steifen Grog, in: Poetische Sprachspiele. Vom Mittelalter bis zur Gegenwart. Hrsg. von Klaus Peter Dencker. Stuttgart (Reclam) 2002, S. 165.

Endrikat, Fred: Sprichwörter, in: F. E.: Das große Fred Endrikat-Buch. München (© Blanvalet Verlag) 1976, S. 9.

Erhardt, Heinz: Die Made, in: H. E.: Das große Heinz Erhardt-Buch, Oldenburg (Fackelträger) 1997 (Fackelträger-Verlag), S. 82.

Erhardt, Heinz: Ein Naßhorn, in: ebd., S. 272.

Erhardt, Heinz: Ein Volkslied, in: ebd., S. 90.

Erhardt, Heinz: Frau Wirtin, in: ebd., S. 222.

Erhardt, Heinz: Kennst du den Ort?, in: ebd., S. 160.

Erhardt, Heinz: Schüttelreime, in: ebd., S. 222–223.

Erhardt, Heinz: Urlaub im Urwald, in: ebd., S. 223.

Erhardt, Heinz: Von A bis E, in: ebd., S. 170.

Fontane, Theodor: Leberreime, in: T. F.: Sämtliche Werke. Bd. 12: Wanderungen durch die Mark Brandenburg. Bd. 4: Spreeland. München (Nymphenburger) 1960, S. 15 u. 16.

Frank, Karlhans: Im Dichterzoo, in: K. F. / Maar, Paul: Vom Dach die Schornsteinfeger grüßen mit Taucherflossen an den Füßen. München 1987, S. 52–55.

Frank, Karlhans: Krimi, in: K. F. / Maar, Paul: Vom Dach die Schornsteinfeger grüßen mit Taucherflossen an den Füßen. München 1987, S. 13.

Frank, Karlhans: Natürliches Kreislaufgedicht, in: ebd., o. S.

Fuchs, Günter Bruno: Ansprache des Küchenmeisters, in: G. B. F.: Gemütlich summt das Vaterland. Zusammengestellt von Michael Krüger. München-Wien (© Carl Hanser Verlag) 1984, S. 101.

Fuchs, Günter Bruno: Behauptungen, in: ebd., S. 36.

Fuchs, Günter Bruno: Nationalhymne der deutschen Toilettenfrau, in: ebd., S. 27.
Fuchs, Günter Bruno: Pennergesang, in: ebd., S. 91–93.
Fuchs, Günter Bruno: Zwei kleine Trinkerlein, in: ebd., S. 11.
Fühmann, Franz: Liedchen, in: F. F.: Die dampfenden Hälse der Pferde im Turm von Babylon. Berlin (Der Kinderbuchverlag, © Hinstorff Verlag, Rostock) 1996, S. 61.
Geibel, Emanuel: Krokodilromanze, in: E. G.: Gesammelte Werke. In 8 Bänden. Bd. 3. Stuttgart (Cotta) 1883, S. 86.
Gernhardt, Robert: Das Scheitern einer Ballade, in: R. G.: Wörtersee. Frankfurt a. M. (S. Fischer Verlag GmbH, © Robert Gernhardt 1981, Alle Rechte vorbehalten).
Gernhardt, Robert: Kleine Erlebnisse großer Männer, in: Besternte Ernte. Frankfurt a. M. (S. Fischer Verlag GmbH, © Robert Gernhardt 1976, Alle Rechte vorbehalten).
Glasbrenner, Adolf: Logogryph, in: Poetische Sprachspiele. Vom Mittelalter bis zur Gegenwart. Hrsg. von Klaus Peter Dencker. Stuttgart (Reclam) 2002, S. 104.
Goethe, Johann Wolfgang von: Annonce, in: J. W. G.: Sämtliche Werke. I. Abt., Bd. 2: Gedichte 1800–1832. Hrsg. von Karl Eibl. Frankfurt a. M. (Deutscher Klassikerverlag) 1988, S. 728.
Goethe, Johann Wolfgang von: Concerto Dramatico, in: J. W. G.: Sämtliche Werke. I. Abt., Bd. 1: Gedichte 1756–1799. Hrsg. von Karl Eibl. Frankfurt a. M. (Deutscher Klassiker-Verlag) 1987, S. 147–152.
Goethe, Johann Wolfgang von: Das Lied vom Floh, in: J. W. G.: Werke. Hamburger Ausgabe. Hrsg. von Erich Trunz. Bd. 3. München (C. H. Beck) 1976, S. 71–72.
Goethe, Johann Wolfgang von: Séance, in: J. W. G.: Sämtliche Werke. I. Abt., Bd. 2: Gedichte 1800–1832. Hrsg. von

Karl Eibl. Frankfurt a. M. (Deutscher Klassikerverlag) 1988, S. 372.

Goetz, Curt: Schwermütige Wüstenmelodie, in: Herr Je das Nichts ist bodenlos. Unsinn in Poesie und Prosa. Hrsg. von Wilhelm Höck. München (Ehrenwirth) 1968, S. 56; Sämtliche Bühnenwerke. Stuttgart (© Deutsche Verlags-Anstalt) 1987.

Greflinger, Georg: Leberreim, in: Deutsche Unsinnspoesie. Hrsg. von Klaus Peter Dencker. Durchgesehene Ausgabe Stuttgart (Reclam) 1995, S. 23.

Gries, Johann Dietrich: Mein Fall, in: Nonnensense. Ein Handbuch blühenden Unsinns. Hrsg. von Friedrich H. Sachs. München (Droemer) 1990, S. 33.

Guggenmos, Josef: O unberachenbere Schreibmischane, in: J. G.: Was denkt die Maus am Donnerstag? 123 Gedichte für Kinder mit 56 Grafiken von Günter Stiller. Recklinghausen (Bitter) 1967, S. 17.

Gumppenberg, Hans von: Sommermädchenküssetauschelächelbeichte, in: H. v. G.: Das teutsche Dichterroß. In allen Gangarten vorgeritten von Hanns von Gumppenberg. Mit einem Vorwort von Armin Eichholz und einer Einleitung von Josef Hofmiller. München (dtv) 1971, S. 63.

Hacks, Peter: Der Trödelladen des Herrn Pätes, in: P. H.: Werke. Bd. 10: Die Kindergedichte und -dramen. Berlin (© Eulenspiegel Verlag) 2003, S. 50–51.

Hacks, Peter: Nachricht vom Leben der Spazoren, in: ebd., S. 58–59.

Hafner, Philipp: Quodlibet, in: Drüben am Walde kängt ein Guruh. Unsinn-Verse. Gesammelt und hrsg. von Angela u. Andreas Hopf. München (Heyne) 1985, S. 62–63.

Hardekopf, Ferdinand: Splendeurs et misères des courtisans, in: F. H.: Gesammelte Dichtungen. Hrsg. von Emmy Moor-Wittenbach. Zürich (Arche) 1963, S. 100. © 1963 by Peter Schifferli, Verlags AG »Die Arche«, Zürich.

Harisch, J./Nagel, J.: Pariser Reminiszenz, in: Herr Je das Nichts ist bodenlos. Unsinn in Poesie und Prosa. Hrsg. von Wilhelm Höck. München (Ehrenwirth) 1968, S. 35.

Hartleben, Otto Erich: Blaue Lyrik, in: Jugend 3 (1898), Nr. 27, S. 452.

Härtling, Peter: Fundevogel, in: Werke. Bd. 8. Gedichte, Köln (© Kiepenheuer & Witsch) 1999, S. 596.

Härtling, Peter: Murmelverse, in: ebd., S. 172.

Heine, Heinrich: Symbolik des Unsinns, in: H. H.: Werke und Briefe in 10 Bänden. Bd. 1. Berlin Weimar (Aufbau-Verlag) 1961, S. 310–312.

Hoddis, Jakob van: Hymne, in: Herr Je das Nichts ist bodenlos. Unsinn in Poesie und Prosa. Hrsg. von Wilhelm Höck. Zeichnungen von Hans-Peter Willberg. München (Ehrenwirth, © Erbengemeinschaft Jakob van Hoddis) 1968, S. 273.

Hoddis, Jakob van: Postskriptum, in: J. v. H.: Weltende. Gesammelte Dichtungen. Zürich (Arche) 1958, S. 79.

Höck, Wilhelm: Viechersoiree, in: Herr Je das Nichts ist bodenlos. Unsinn in Poesie und Prosa. Hrsg. von Wilhelm Höck. München (Ehrenwirth) 1968, S. 62–65.

Hoffmann, Friedrich: Spatzensalat, in: Überall und neben dir. Hrsg. von Hans-Joachim Gelberg. Weinheim, Basel (Beltz & Gelberg in der Verlagsgruppe Beltz) 1986.

Holz, Arno: Der Mond, in: Herr Je das Nichts ist bodenlos. Unsinn in Poesie und Prosa. Hrsg. von Wilhelm Höck. München (Ehrenwirth) 1968, S. 235.

Huth, Oskar: Neues Doppel-Saalelied, in: Die Meisengeige. Zeitgenössische Nonsensverse. Gesammelt und hrsg. von Günter Bruno Fuchs, mit einer Zwischengeige in zehn Zeichnungen von Ali Schindehütte. München (Hanser) 1964, S. 111.

Jandl, Ernst: 12 blumenbein, in: E. J.: Poetische Werke. Hrsg. Von Klaus Siblewski. München (© Luchterhand Literaturverlag) 1997, Bd. 7, S. 137.

Jandl, Ernst: calypso, in: ebd., Bd. 2, S. 18.

Jandl, Ernst: mal franz mal anna (drama), in: ebd., Bd. 6, S. 141.

Jean Paul: Gotthelf Fibels ABC-Merkverse, in: Herr Je das Nichts ist bodenlos. Unsinn in Poesie und Prosa. Hrsg. von Wilhelm Höck. München (Ehrenwirth) 1968, S. 30–31.

Kaléko, Mascha: Der Flamingo, Der leichtbeschwingte Papagei, Ornithologisches und Unlogisches, Klapperschlangen, Blindschleichen & anderes Natterngezücht, Kaka-Du & Kaka-Sie, Das Zebra, in: M. K.: Der Papagei, die Mamagei und andere komische Tiere. Ein Versbuch für verspielte Kinder sämtlicher Jahrgänge. Düsseldorf (Eremiten-Presse) 1979, S. 11, 14, 25, 41, 56, 57.

Keller, Gottfried: Aus ihrem Leben: Dichtung und Wahrheit, in: G. K.: Sämtliche Werke in sieben Bänden. Bd. I: Gedichte. Hrsg. von Kai Kauffmann. Frankfurt a. M. (Deutscher Klassiker Verlag) 1995, S. 153–154.

Keller, Gottfried: Die Aufgeregten, in: ebd., S. 274.

Kempner, Friederike: Auf's Papier!, in: Nonnensense. Ein Handbuch blühenden Unsinns. Hrsg. von Friedrich H. Sachs. München (Droemer) 1990, S. 8.

Kempner, Friederike: Die Poesie hat immer Recht!, in: ebd., S. 37.

Klabund (d. i. Henschke, Alfred): Deutsches Volkslied, in: Klabund: Sämtliche Werke. Bd. 1: Lyrik, 2. Teil. Amsterdam

Atlanta Würzburg (Rodopi / Königshausen und Neumann) 1998, S. 597.

Klabund: Epitaph als Epilog, in: ebd., Bd. 1: Lyrik, 1. Teil. S. 36.

Klabund: Mystik, in: ebd., Bd. 1: Lyrik, 2. Teil, S. 618.

Knoll, Andreas: Limericks, in: A. K.: Lauter lustige Limericks, gewürzt, gesalzen und ausgekocht – zum Lachen, zum Singen und Knobeln, Neusäß 1982, S. 21, 34, 46, 61, 64.

Kreisler, Georg: Mondlandschaft, in: Herr Je das Nichts ist bodenlos. Unsinn in Poesie und Prosa. Hrsg. von Wilhelm Höck. München (Ehrenwirth) 1968, S. 251.

Krüss, James: Der gereimte Löwe, in: J. K.: Der wohltemperierte Leierkasten. 12 mal 12 Gedichte für Kinder, Erwachsene und andere Leute. München (C. Bertelsmann Jugendbuchverlag, © James Krüss 2001) 1961, S. 57–58.

Krüss, James: Die Welt zuunterst – zuoberst, in: ebd., S. 85.

Krüss, James: Ein Junge namens Monika, in: ebd., S. 71.

Krüss, James: Modell für deutsches Heimatlied (DHL), in: Krüss, James: Das deutsche Lied in Modellen. Hamburg (Drei Mohren Verlag) 1975, o. S.

Krüss, James: Wenn die Möpse Schnäpse trinken, in: J. K.: Der wohltemperierte Leierkasten. 12 mal 12 Gedichte für Kinder, Erwachsene und andere Leute. München (Bertelsmann) 1961, S. 85.

Kühner, Otto Heinrich: Der Azteke, in: O. H. K.: Pummerer und andere skurrile Verse. München (Piper, © Stiftung Brückner-Kühner, Kassel) 1968, S. 74.

Kühner, Otto Heinrich: Trainingsrad, in: ebd., S. 16.

Lichtenstein, Alfred: Das Konzert, in: Schmurgelstein so herzbetrunken. Verse und Gedichte für Nonsens-Freunde von 9–99. München Wien (Hanser) 1988, S. 144.

Lichtenstein, Alfred: Die Dämmerung, in: Herr Je das Nichts ist bodenlos. Unsinn in Poesie und Prosa. Hrsg. von Wilhelm Höck. München (Ehrenwirth) 1968, S. 277.

Liliencron, Detlev von: Deutsche Reimreinheit, in: Poetische Sprachspiele. Vom Mittelalter bis zur Gegenwart. Hrsg. von Klaus Peter Dencker. Stuttgart (Reclam) 2002, S. 119.

Lingg, Hermann: Das Krokodil, in: Deutsche Unsinnspoesie. Hrsg. von Klaus Peter Dencker. Durchgesehene Ausgabe Stuttgart (Reclam) 1995, S. 142.

Lobe, Mira: Der verdrehte Schmetterling, in: Überall und neben dir. Gedichte für Kinder in sieben Abteilungen. Hrsg. von Hans-Joachim Gelberg. Weinheim (Beltz & Gelberg) 1986, S. 201.

Maar, Paul: Jaguar und Neinguar, in: Überall und neben dir. Gedichte für Kinder in sieben Abteilungen. Hrsg. von Hans-Joachim Gelberg. Weinheim (Beltz & Gelberg) 1986, S. 130.

Meckel, Christoph: Ohrenklingen, in: Überall und neben dir. Gedichte für Kinder in sieben Abteilungen. Hrsg. von Hans-Joachim Gelberg. Weinheim (Beltz & Gelberg) 1986, S. 105.

Meister, Ernst: Pedantisch, in: Die Meisengeige. Zeitgenössische Nonsensverse. Gesammelt und hrsg. von Günter Bruno Fuchs, mit einer Zwischengeige in zehn Zeichnungen von Ali Schindehütte. München (Hanser) 1964, S. 178.

Meister, Ernst: Rückwärts, in: ebd., S. 125.

Messerschmidt, Johann Georg Friedrich: Blühender Unsinn, in: Deutsches Lesebuch. Eine Auswahl zweckmäßiger Lesestücke zur Übung im richtigen und schönen Vortrag und zum Unterricht in der deutschen Sprache. Teil 2. Bremen (Heyse) 1833, S. 222–223.

Mittler, Franz: Gülden Venus, in: Nonnensense. Ein Handbuch blühenden Unsinns. Hrsg. von Friedrich H. Sachs. München (Droemer) 1990, S. 24.

Mittler, Franz: Schüttelreim, in: Manfred Hanke: Die Schüttelreimer. Bericht über eine Reimschmiedezunft. Stuttgart (Deutsche Verlagsanstalt) 1968, S. 65.

Morgenstern, Christian: Anto-logie, in: C. M.: Werke und Briefe. Bd. III: Humoristische Lyrik. Hrsg. von Maurice Cureau. Stuttgart (Urachhaus) 1990, S. 81.

Morgenstern, Christian: Das ästhetische Wiesel, in: ebd., S. 69.

Morgenstern, Christian: Das Gebet, in: ebd., S. 61.

Morgenstern, Christian: Das Nasobēm, in: ebd., S. 81.

Morgenstern, Christian: Der Flügelflagel, in: ebd., S. 213.

Morgenstern, Christian: Der Lattenzaun, in: ebd., S. 73–74.

Morgenstern, Christian: Der Rabe Ralf, in: ebd., S. 64.

Morgenstern, Christian: Der Seufzer, in: ebd., S. 68.

Morgenstern, Christian: Der Werwolf, in: ebd., S. 87.

Morgenstern, Christian: Die Trichter, in: ebd., S. 67.

Morgenstern: Christian: Die zwei Parallelen, in: ebd., S. 228.

Morgenstern, Christian: Klapphornverse, in: ebd., S. 386–387.

Morgenstern, Christian: Lieb ohne Worte, in: ebd., S. 192.

Mörike, Eduard: Zwo Ältere Gedichte, in: E. M.: Werke in einem Band. Hrsg. Von Herbert G. Göpfert. München-Wien (Hanser) 1977, S. 732–733.

Mörike, Eduard: Der Sträfling, in: ebd.

Mühsam, Erich: Schüttelreime, in: Alles Unsinn. Deutsche Ulk- und Scherzdichtung von ehedem bis momentan. Gesammelt und hrsg. von Heinz Seydel. Berlin (Eulenspiegel-Verlag) 1974, S. 28.

Mühsam, Erich: Die Ahnung, in: ebd., S. 287.

Mühsam, Erich: Optimistischer Sechszeiler, in: So weit die scharfe Zunge reicht. Die Anthologie des deutschsprachigen Cabaretts. Hrsg. von Klaus Budzinski. München Bern Wien (Scherz) 1964, S. 59.

Nebel, Otto: Freizügig, in: Otto Nebel: Unfeig. Eine Neun-Runen-Fuge. Zur Unzeit gegeigt. Hrsg. von René Radrizzani. Zürich (Blumer) 1960, o. P.

Nebel, Otto: Fünfzig Irre unter neun Runen, in: ebd., o. P.

Nestroy, Johann: Einreimgedicht, in: Herr Je das Nichts ist bodenlos. Unsinn in Poesie und Prosa. Hrsg. von Wilhelm Höck. Zeichnungen von Hans-Peter Willberg. München (Ehrenwirth) 1968, S. 85.

Niémetz Lenau Ferencz Miklos: Magyarisches Schilflied, in: Herr Je das Nichts ist bodenlos. Unsinn in Poesie und Prosa. Hrsg. von Wilhelm Höck. Zeichnungen von Hans-Peter Willberg. München (Ehrenwirth) 1968, S. 173.

Niémetz Lenau Ferencz Miklos: Natur und Goulasz, in: ebd., S. 173.

Oker, Eugen: Limericks, in: Nonnensense. Ein Handbuch blühenden Unsinns. Hrsg. von Friedrich H. Sachs. München (Droemer) 1990, S. 18.

Okopenko, Andreas: Zählwerkssperre, in: A. O.: Warum sind die Latrinen so traurig? Spleengesänge. Salzburg (Residenz-Verlag) 1969, S. 78–79.

Palm-Nesselmanns, C. (d. i. Clemens Plassmann): Schüttelreime, in: C. P.: Schüttelreime. Stuttgart (© Deutsche Verlags-Anstalt) 1967, S. 30, S. 31, S. 33, S. 37.

Papentrigk, Benno (d. i. Anton Kippenberg): Als W. P. einen schönen Titel erhielt, in: B. P.: Schüttelreime. Zürich (Sanssouci) 1971, S. 28. © Anton von Hesler, Rimsting.

Papentrigk, Benno: Idyll, in: ebd., S. 48.

Papentrigk, Benno: Taufworte orphisch, in: ebd., S. 84.

Papentrigk, Benno: Das Schüttel-ABC, in: Herr Je das Nichts ist bodenlos. Unsinn in Poesie und Prosa. Hrsg. von Wilhelm Höck. München (Ehrenwirth) 1968, S. 98–101.

Papentrigk, Benno: Drei Anmerkungen, in: Schmurgelstein so herzbetrunken. Verse und Gedichte für Nonsens-Freunde von 9–99. München-Wien (Hanser) 1988, S. 70.

Pastior, Oskar: Die Ballade vom defekten Kabel, in: O. P.: Minze, Minze flaumiran Schpektrum (Werkausgabe Bd. 3). Hrsg. von Ernest Wichner. München-Wien (© Carl Hanser Verlag) 2004, S. 59.

Pastior, Oskar: Ballade vom Estaminen Klimasch, in: O. P.: Jalousien aufgemacht. Lesebuch. Hrsg. von Klaus Ramm. München-Wien (© Carl Hanser Verlag) 1987, S. 169.

Pastior, Oskar: Ich sitze ..., in: O. P.: Vom Sichersten ins Tausendste, Frankfurt (Suhrkamp) 1969, S. 80. © Oskar Pastior.

Pastior, Oskar: Die Sonne sticht wir haben was im Anzug, in: O. P.: Minze, Minze flaumiran Schpektrum (Werkausgabe Bd.3). Hrsg. von Ernest Wichner. München-Wien (© Carl Hanser Verlag) 2004, S. 263.

Pastior, Oskar: Gliederwind ißt Nebensonnen, in: O. P.: Gimpelschneise in die Winterreise von Wilhelm Müller. Texte und CD. Basel (Urs Engeler) 1997, S. 23.

Pastior, Oskar: Sandsieb, in: O. P.: Eine Scheibe Dingsbums. Gedichte. Mit 10 Zeichnungen des Autors. Ravensburg (Otto Maier) 1990, S. 16.

Pastior, Oskar: Seinesgleichen, in: O. P.: Jalousien aufgemacht. Lesebuch. Hrsg. von Klaus Ramm. München-Wien (© Carl Hanser Verlag) 1987, S. 195.

Pinder, Wilhelm: Schüttelreim, in: Manfred Hanke: Die Schüttelreimer. Bericht über eine Reimschmiedezunft. Stuttgart (Deutsche Verlagsanstalt) 1968, S. 120.

Rehn, Jens: Con sordini – Eine Suite Nonsens, in: J. R.: Daten, Bilder, Hinweise, Störungen. Berlin (Friedenauer Presse) 1964, o. P.

Reinig, Christa: Ballade von den unsagbaren Geschehnissen, in: Poetische Sprachspiele. Vom Mittelalter bis zur Gegenwart. Hrsg. von Klaus Peter Dencker. Stuttgart (Reclam) 2002, S. 322.

Ringelnatz, Joachim: Abendgebet einer erkälteten Negerin, in: J. R.: Gesamtwerk in sieben Bänden. Hrsg. von Walter Pape. Berlin (Henssel, © Diogenes Verlag AG, Zürich 1994), Bd. 1 (1984), S. 120.

Ringelnatz, Joachim: An einem Teiche, in: ebd., Bd. 1, S. 74.

Ringelnatz, Joachim: Blindschl, in: ebd., Bd. 1, S. 267.

Ringelnatz, Joachim: Bumerang, in: ebd., Bd. 1, S. 148.

Ringelnatz, Joachim: Die Ameisen, in: ebd., Bd. 1, S. 66.

Ringelnatz, Joachim: Die neuen Fernen, in: ebd., Bd. 2 (1985), S. 21.

Ringelnatz, Joachim: Ernster Rat an Kinder, in: ebd., Bd. 2, S. 15.

Ringelnatz, Joachim: Gedicht in Bi-Sprache, in: ebd., Bd. 1, S. 316.

Ringelnatz, Joachim: Kniehang, in: ebd., Bd. 1, S. 96.

Ringelnatz, Joachim: Liedchen, in: ebd., Bd. 2, S. 26.

Ringelnatz, Joachim: Logik, in: ebd., Bd. 1, S. 80.

Ringelnatz, Joachim: Mein harmlos Lied, in: ebd., Bd. 1, S. 164.

Ringelnatz, Joachim: Volkslied, in: ebd., Bd. 1, S. 186.

Rohde, Hedwig: Es wird niemals sein, in: Die Meisengeige. Zeitgenössische Nonsensverse. Gesammelt und hrsg. von Günter Bruno Fuchs, mit einer Zwischengeige in zehn Zeichnungen von Ali Schindehütte. München (Hanser) 1964, S. 51.

Roth, Eugen: Geschütteltes, in: E. R.: Neue Rezepte vom Wunderdoktor. Heitere Verse. München (Hanser) 1959, S. 25.

Rückert, Friedrich: Aufgegebene Endreime, in: F. R.: Gesammelte Gedichte. Bd. 6. Erlangen (Heyder) 1838, S. 253.

Rückert, Friedrich: Der Künstler und sein Publikum, in: Herr Je das Nichts ist bodenlos. Unsinn in Poesie und Prosa. Hrsg. von Wilhelm Höck. München (Ehrenwirth) 1968, S. 144.

Rückert, Friedrich: Märchen, in: ebd., S. 79.

Rühm, Gerhard: aun da schenan blaun donau, in: G. R.: Gesammelte Gedichte und Visuelle Texte. Reinbek bei Hamburg (Rowohlt) 1970, S. 85.

Rühm, Gerhard: wer doch wer, in: ebd., S. 69.

Scheffel, Viktor von: Guano, in: J. V. v. S.: Gesammelte Werke in sechs Bänden. 6. Bd.: Frau Aventiure – Gaudeamus. Stuttgart (Adolf Bonz & Comp.) o. J., S. 161.

Scheffel, Viktor von: Das Hildebrandlied, in: ebd., S. 191.

Scheffel, Viktor von: Der erratische Block, in: ebd., S. 173.

Scheffel, Viktor von: Der Ichthyosaurus, in: ebd., S. 166.

Scheffel, Viktor von: Die letzte Hose, in: ebd., S. 217–218.

Scheffel, Viktor von: Eine traurige Geschichte, in: Nonnensense. Ein Handbuch blühenden Unsinns. Hrsg. von Friedrich H. Sachs. München (Droemer) 1990, S. 84.

Schimper, Karl: Windwehe, in: K. S.: Gedichte. Erlangen (Enke) 1840, S. 86.

Schlegel, Friedrich: Proben der neuesten Poesie, in: F. S.: Kritische Friedrich-Schlegel-Ausgabe. Hrsg. von Ernst Behler. Bd. 5: Dichtungen. Hrsg. von Ernst Eichner. München Paderborn (Schöningh) 1962, S. 321–322.

Schnell, Robert Wolfgang: Ballade, in: Die Meisengeige. Zeitgenössische Nonsensverse. Gesammelt und hrsg. von Günter Bruno Fuchs, mit einer Zwischengeige in zehn Zeichnungen von Ali Schindehütte. München (Hanser) 1964, S. 135.

Schönthan, Paul von: Widersprüche, in: Nonnensense. Ein Handbuch blühenden Unsinns. Hrsg. von Friedrich H. Sachs. München (© Droemersche Verlagsanstalt Th. Knaur Nachf. GmbH & Co. KG) 1990, S. 42.

Schwitters, Kurt: An Anna Blume, in: K. S.: Anna Blume und ich. Zürich (Arche) 1965, S. 46.

Schwitters, Kurt: Die Nixe, in: K. S.: Das literarische Werk. Bd. 1: Lyrik. Hrsg. von Friedhelm Lach. Köln (DuMont) 1973, S. 137–138.

Schwitters, Kurt: Ich sing mein Lied, in: ebd., S. 35.

Schwitters, Kurt: Undumm, in: ebd., S. 39.

Seibert, Curt: Die Dichter-Flöte, in: C. S.: Das poetische Holzbein. Ein Buch des fröhlichen Unsinns. Berlin – Onkel Toms Hütte (Paul Steegemann) 1954, S. 39.

Seibert, Curt: Schniller, in: ebd., S. 38.

Seibert, Curt: Das goldene ABC, in: ebd., S. 21.

Seibert, Curt: Das silberne ABC, in: ebd., S. 22.

Seibert, Curt: Die blinde Schleiche, in: ebd., S. 42–43.

Seibert, Curt: Fröhliches Klapphorn, in: ebd., S. 23.

Seibert, Curt: Limericks, in: ebd., S. 45.

Seibert, Curt: Schüttelreime, in: ebd., S. 28.

Seibert, Curt: Wirtshaus an der Lahn, in: ebd., S. 18–20.

Seidel, Heinrich: An meine Laute, in: Poetische Sprachspiele. Vom Mittelalter bis zur Gegenwart. Hrsg. von Klaus Peter Dencker. Stuttgart (Reclam) 2002, S. 122.

Seidel, Heinrich: Begnüge dich, Liebste!, in: ebd., S. 122.

Seidel, Heinrich: Es war ein Traum!, in: Drüben am Walde kängt ein Guruh. Unsinn-Verse. Gesammelt und hrsg. von Angela u. Andreas Hopf. München (Heyne) 1985, S. 38.

Selow, Lothar: Schüttelreime, in: L. S.: Schüttelpoesie und Schüttelpoetik. Mit Titelzeichnungen von Jules Stauber. Ebenhausen bei München (Langewiesche-Brandt) 1956, S. 34, 37, 49.

Sigel, Kurt: Lied für eine Schaffnerin, in: K. S.: Grosses Hessenlamento. Quertexte – Lieder – Nonsenseverse. Gießen (Anabas) 1994, S. 30. Alle Texte © Kurt Sigel, Frankfurt a. M.

Sigel, Kurt: Märchen, in: K. S.: Feuer, de Maa brennt ... Frankfurt a. M. (Timm Gierig) 1968, S. 11.

Sigel, Kurt: Nonsens-Schlemmerei odder Blödsinn a la Kard, in: ebd., S. 56.

Sigel, Kurt: Was für ein Kerl, in: Deutsche Unsinnspoesie. Hrsg. von Klaus Peter Dencker. Durchgesehene Ausgabe Stuttgart (Reclam) 1995, S. 313.

Spoerri, Daniel: das rezel kroitz wort, in: Deutsche Unsinnspoesie. Hrsg. von Klaus Peter Dencker. Durchgesehene Ausgabe Stuttgart (Reclam) 1995, S. 265.

Steen, Sita: Ein Glied von Schillers Locke, in: S. S.: Mit dem Kopfe geschüttelt. Stuttgart (Deutsche Verlags-Anstalt) 1971, S. 38. © Sita Steen, Bockenem.

Stiemert, Elisabeth: Der Flohumizidadomus, in: Schnick Schnack Schabernack. Hrsg. von Viktor Christen, illustriert von Jürgen Wulff. Oldenburg Hamburg (Stalling) 1973, o. P.

Thies, Hans Arthur: Klapphornverse, in: H. A. T.: Zwei Knaben auf dem Schüttelrost. München (Braun & Schneider) 1954, S. 34.

Thies, Hans Arthur: Schüttelreime, ebd., S. 9, 16, 24, 26.

Tucholsky, Kurt: Konjugation in deutscher Sprache, in: K. T.: Gesammelte Werke. Reinbek bei Hamburg (© Rowohlt Verlag GmbH) 1960, Band 6, S. 131.

Tucholsky, Kurt: Schnipsel, in: ebd., Band 7, S. 294.

Vahle, Fritz: Stockfisch, in: F. V.: Zwitscherfisch im Wörter-See. Sprach- und Gedankenspiele. Darmstadt (Justus von Liebig Verlag) o. J., S. 100.

Vahle, Fritz: Störung, ebd. S. 105.

Valentin, Karl: Blödsinn-Verse, in: K. V.: Sämtliche Werke. Bd. 2: Couplets. Hrsg. von Helmut Bachmaier und Stefan Henze. München (Piper) 1994, S. 55–57.

Valentin, Karl: Chinesisches Couplet, in: ebd., S. 106–107.

Valentin, Karl: Das futuristische Couplet, in: ebd., S. 128–129.

Valentin, Karl: Expressionistischer Gesang, in: K. V.: Sämtliche Werke. Bd. 2: Couplets. Hrsg. von Helmut Bachmaier und Stefan Henze. München (Piper) 1994, S. 202.

Valentin, Karl: Klapphornverse, in: ebd., S. 153–155.

Valentin, Karl: Rezept zum russischen Salat, in: ebd., S. 32–34.

Valentin, Karl: Romanze in C-Moll, in: ebd., S. 57–58.

Vischer, Friedrich Theodor: Anwendbar, in: Gustav Noll: Arsenal. Poesie deutscher Minderdichter vom 16. bis zum 20. Jahrhundert. Hrsg. von Bernd Thum. Berlin (Propyläen) 1973, S. 82.

Vischer, Friedrich Theodor: Das Allotrion, in: Nonnensense. Ein Handbuch blühenden Unsinns. Hrsg. von Friedrich H. Sachs. München (Droemer) 1990, S. 45.

Vischer, Friedrich Theodor: Prähistorische Ballade, in: F. T. V.: Allotria. Stuttgart (Bonz & Co.) 1909, S. 211–212.

Weigel, Hans: Ein Enharmonisches Verwechslungs-Alphabet, in: Poetische Sprachspiele. Vom Mittelalter bis zur Gegenwart. Hrsg. von Klaus Peter Dencker. Stuttgart (Reclam) 2002, S. 213.

Weischedel, Wilhelm: Der trunkene Philosoph in Schüttelreimen, in: W. W.: Auch eine Philosophiegeschichte. In Reime gebracht von Wilhelm Weischedel. Darmstadt (Wissenschaftliche Buchgesellschaft) 1975.

Wohlgemuth, Hildegard: Drei Damen gehen in eine Konditorei, in: Geh und spiel mit dem Riesen. Hrsg. von Hans-Joachim Gelberg. Weinheim, Basel (Beltz & Gelberg in der Verlagsgruppe Beltz) 1971/90, S. 260.

Texte unbekannter Verfasser

Abzählreime, in: Deutsche Unsinnspoesie. Hrsg. von Klaus Peter Dencker. Durchgesehene Ausgabe Stuttgart (Reclam) 1995, S. 191–193.

Allegorisches Sonett, in: Nonnensense. Ein Handbuch blühenden Unsinns. Hrsg. von Friedrich H. Sachs. München (Droemer) 1990, S. 116.

Am Strande, in: Fliegende Blätter, Bd. 97. Nr. 2463, S. 134.

An die Geliebte, in: Herr Je das Nichts ist bodenlos. Unsinn in Poesie und Prosa. Hrsg. von Wilhelm Höck. München (Ehrenwirth) 1968, S. 169.

Arithmetisches Sonett eines unglücklich liebenden Jägers, in: Nonnensense. Ein Handbuch blühenden Unsinns. Hrsg. von Friedrich H. Sachs. München (Droemer) 1990, S. 115.

Auf dem Berge Sinai, in: Deutsche Unsinnspoesie. Hrsg. von Klaus Peter Dencker. Durchgesehene Ausgabe Stuttgart (Reclam) 1995, S. 67.

Chinesisch, in: Herr Je das Nichts ist bodenlos. Unsinn in Poesie und Prosa. Hrsg. von Wilhelm Höck. München (Ehrenwirth) 1968, S. 250.

Das Lied vom Jockel, in: Dunkel war's, der Mond schien helle. Verse, Reime und Gedichte, gesammelt von Edmund Jacoby, Hildesheim 1999, S. 40f.

Das Veilchen, in: Drüben am Walde kängt ein Guruh. Unsinn-Verse. Gesammelt und hrsg. von Angela u. Andreas Hopf. München (Heyne) 1985, S. 20.

Der Leichenzehrer, in: Bernd Stadler: Sprachspiele für die Grundschule. Donauwörth (Auer) 1986, S. 62.

Der Nabel, in: Nonnensense. Ein Handbuch blühenden Unsinns. Hrsg. von Friedrich H. Sachs. München (Droemer) 1990, S. 109.

Der Spaziergang im Walde, in: Herr Je das Nichts ist bodenlos. Unsinn in Poesie und Prosa. Hrsg. von Wilhelm Höck. München (Ehrenwirth) 1968, S. 41.

Des Abends, wenn ich früh aufsteh, in: Ruth Dirx: Kinderreime. Mit Illustrationen von Lieselotte Schwarz. Frankfurt a. M. (Büchergilde Gutenberg), S. 182.

Die Parallelen, in: Allgemeines Deutsches Commersbuch. Hrsg. von Moritz Schauenburg. Lahr (Schauenburg) 1888, Nr. 653.

Dunkel war's, der Mond schien helle, in: Dunkel war's, der Mond schien helle. Verse, Reime und Gedichte. Gesammelt von Edmund Jacoby, Hildesheim (Gerstenberg) 1999, S. 49.

Ein Hund lief in die Küche, in: ebd., S. 40–41.

Eine kleine Dickmadam, in: Deutsche Unsinnspoesie. Hrsg. von Klaus Peter Dencker. Durchgesehene Ausgabe Stuttgart (Reclam) 1995, S. 248 (urspr. aus: Wehrhan, Karl: Frankfurter Kinderleben in Sitte und Brauch. Wiesbaden 1929).

Entsetzlich, in: Herr Je das Nichts ist bodenlos. Unsinn in Poesie und Prosa. Hrsg. von Wilhelm Höck. Zeichnungen von Hans-Peter Willberg. München (Ehrenwirth) 1968, S. 171.

Eskimojade, in: Fliegende Blätter. Bd. 90. Nr. 2272, S. 54–55.

Ghasel an die Liebe, in: Drüben am Walde kängt ein Guruh. Unsinn-Verse. Gesammelt und hrsg. von Angela u. Andreas Hopf. München (Heyne) 1985, S. 26.

Großus Bärus, in: Schmurgelstein so herzbetrunken. Verse und Gedichte für Nonsens-Freunde von 9–99. München Wien (Hanser) 1988, S. 49.

Guten Hut!, in: Nonnensense. Ein Handbuch blühenden Unsinns. Hrsg. von Friedrich H. Sachs. München (Droemer) 1990, S. 44.

Heldinnen der Mode, in: Herr Je das Nichts ist bodenlos. Unsinn in Poesie und Prosa. Hrsg. von Wilhelm Höck. München (Ehrenwirth) 1968, S. 42.

Ich fuhr auf einem Leiterwagen, in: http://www.brix.de/bibliothek/literatur/schuettelreime/sammlung.html (5.11.2004).

Ick sitze hier und esse Klops, in: Dunkel war's, der Mond schien helle. Verse, Reime und Gedichte. Gesammelt von Edmund Jacoby, Hildesheim (Gerstenberg) 1999, S. 56.

In der bimbambolischen Kirche, in: Allerleihrauh. Viele schöne Kinderreime. Versammelt von Hans Magnus Enzensberger. Frankfurt a. M. (Insel) 1977, S. 265.

Kauderwelsch, in: Herr Je das Nichts ist bodenlos. Unsinn in Poesie und Prosa. Hrsg. von Wilhelm Höck. Zeichnungen von Hans-Peter Willberg. München (Ehrenwirth) 1968, S. 250.

Klapphorn-Ballade, in: ebd., S. 60.

Klapphorn-Verse, in: Dunkel war's, der Mond schien helle. Verse, Reime und Gedichte. Gesammelt von Edmund Jacoby, Hildesheim (Gerstenberg) 1999, S. 69 und 72.

Klapphorn-Verse, in: Zwei Knaben auf dem Schüttelrost. Die schönsten und neuesten Schüttelreime, Klapphornverse, Leberreime, Schnadahüpfl und Limericks. Hrsg. von Hans-Arthur Thies. München (Braun & Schneider) 1954, S. 34.

Kunz von Kauffungen, in: Göpel's deutsches Lieder- und Commers-Buch. Sammlung von über siebenhundert der beliebtesten Lieder mit ihren Singweisen in mehrstimmiger Bearbeitung hrsg. von Th. Täglichsbeck / J. Müleisen. 2., sehr vermehrte Auflage Stuttgart 1858, S. 905.

Leberreime, in: Deutsche Unsinnspoesie. Hrsg. von Klaus Peter Dencker. Durchgesehene Ausgabe Stuttgart (Reclam) 1995, S. 22, 71.

Lügenmärchen, in: Deutsches Kinderlied und Kinderspiel. Hrsg. von Franz Magnus Böhme. Leipzig 1897, Nachdruck Nendeln / Liechtenstein (Kraus-Reprint) 1967, S. 258–259.

Lügenschnaderhüpfl, in: Dunkel war's, der Mond schien helle. Verse, Reime und Gedichte. Gesammelt von Edmund Jacoby, Hildesheim (Gerstenberg) 1999, S. 86.

Nachtwächter-Variationen, in: Nonnensense. Ein Handbuch blühenden Unsinns. Hrsg. von Friedrich H. Sachs. München (Droemer) 1990, S. 46.

Namensverse, in: Deutsches Kinderlied und Kinderspiel. In Kassel aus Kindermund in Wort und Weise gesammelt von Johann Lewalter. Abhandlung und Anmerkungen von Georg Schläger, Kassel (Vietor) 1911, S. 146–147.

O du alter Kakadu, in: Bernd Stadler: Sprachspiele für die Grundschule. Donauwörth (Auer) 1986, S. 62.

Palindrome, in: Deutsche Unsinnspoesie. Hrsg. von Klaus Peter Dencker. Durchgesehene Ausgabe Stuttgart (Reclam) 1995, S. 136–137.

Parodien bekannter Texte, in: Deutsches Kinderlied und Kinderspiel. In Kassel aus Kindermund in Wort und Weise gesammelt von Johann Lewalter. Abhandlung und Anmerkungen von Georg Schläger, Kassel (Vietor) 1911, S. 173–174.

Poetisches Menü, in: Nonnensense. Ein Handbuch blühenden Unsinns. Hrsg. von Friedrich H. Sachs. München (Droemer) 1990, S. 34.

Reverirte Dame, in: Poetische Sprachspiele. Vom Mittelalter bis zur Gegenwart. Hrsg. von Klaus Peter Dencker. Stuttgart (Reclam) 2002, S. 59.

Schiller-Potpourri, in: Die Weltwoche. Jg. 21 (6.2.1953). Nr. 1004, S. 12.

Schüttelreime, in: Schnick Schnack Schabernack. Hrsg. von Viktor Christen. Illustr. von Jürgen Wulff. Oldenburg Hamburg (Stalling) 1973, o. P.

Stumpfsinnsverse, in: Herr Je das Nichts ist bodenlos. Unsinn in Poesie und Prosa. Hrsg. von Wilhelm Höck. München (Ehrenwirth) 1968, S. 61.

Stumpfsinn-Verse. Gesammelt von Heinrich Stillfried. Boppard (Maisel), S. 42f.

Stunden, wo der Unsinn waltet, in: Deutsche Unsinnspoesie. Hrsg. von Klaus Peter Dencker. Durchges. Ausgabe Stuttgart (Reclam) 1995, S. 3.

Ungewöhnliches Evenement, in: Herr Je das Nichts ist bodenlos. Unsinn in Poesie und Prosa. Hrsg. von Wilhelm Höck. Zeichnungen von Hans-Peter Willberg. München (Ehrenwirth) 1968, S. 40–41.

Wanderlust, in: ebd., S. 230.

Wann hört der Humor auf?, in: Nonnensense. Ein Handbuch blühenden Unsinns. Hrsg. von Friedrich H. Sachs. München (Droemer) 1990, S. 29.

Wassermaus und Kröte, in: Herr Je das Nichts ist bodenlos. Unsinn in Poesie und Prosa. Hrsg. von Wilhelm Höck. Zeichnungen von Hans-Peter Willberg. München (Ehrenwirth) 1968, S. 43.

Wenn aber!, in: Deutsche Unsinnspoesie. Hrsg. von Klaus Peter Dencker. Durchgesehene Ausgabe Stuttgart (Reclam) 1995, S. 136.

Wenn der Vater mit dem Sohne, in: Göpel's deutsches Lieder- und Commers-Buch. Sammlung von über siebenhundert der beliebtesten Lieder mit ihren Singweisen in mehrstimmiger Bearbeitung hrsg. von Th. Täglichsbeck / J. Müleisen. 2., sehr vermehrte Auflage Stuttgart 1858, S. 458.

Wortspielerei zur Erheiterung bei anhaltendem Regenwetter, in: Fliegende Blätter. Bd. 94. Nr. 2384, S. 119.

Zwei Hasen, in: Herr Je das Nichts ist bodenlos. Unsinn in Poesie und Prosa. Hrsg. von Wilhelm Höck. Zeichnungen von Hans-Peter Willberg. München (Ehrenwirth) 1968, S. 46.

Herausgeber und Verlag danken allen Autoren, Editoren und Verlagen für die Erteilung der Rechte.

Register